essentials

essentials liefern aktuelles Wissen in konzentrierter Form. Die Essenz dessen, worauf es als „State-of-the-Art" in der gegenwärtigen Fachdiskussion oder in der Praxis ankommt. *essentials* informieren schnell, unkompliziert und verständlich

- als Einführung in ein aktuelles Thema aus Ihrem Fachgebiet
- als Einstieg in ein für Sie noch unbekanntes Themenfeld
- als Einblick, um zum Thema mitreden zu können

Die Bücher in elektronischer und gedruckter Form bringen das Fachwissen von Springerautor*innen kompakt zur Darstellung. Sie sind besonders für die Nutzung als eBook auf Tablet-PCs, eBook-Readern und Smartphones geeignet. *essentials* sind Wissensbausteine aus den Wirtschafts-, Sozial- und Geisteswissenschaften, aus Technik und Naturwissenschaften sowie aus Medizin, Psychologie und Gesundheitsberufen. Von renommierten Autor*innen aller Springer-Verlagsmarken.

Weitere Bände in der Reihe http://www.springer.com/series/13088

André Haller

Social Media für Kommunalpolitiker

 Springer Gabler

André Haller
FH Kufstein Tirol, Kufstein, Österreich

ISSN 2197-6708   ISSN 2197-6716 (electronic)
essentials
ISBN 978-3-658-33629-5   ISBN 978-3-658-33630-1 (eBook)
https://doi.org/10.1007/978-3-658-33630-1

Die Deutsche Nationalbibliothek verzeichnet diese Publikation in der Deutschen Nationalbibliografie; detaillierte bibliografische Daten sind im Internet über http://dnb.d-nb.de abrufbar.

Planung/Lektorat: Rolf-Günther Hobbeling
Springer Gabler ist ein Imprint der eingetragenen Gesellschaft Springer Fachmedien Wiesbaden GmbH und ist ein Teil von Springer Nature.
Die Anschrift der Gesellschaft ist: Abraham-Lincoln-Str. 46, 65189 Wiesbaden, Germany

Was Sie in diesem *essential* finden können

- Eine kurze Einführung in Social Media und ihre Geschichte
- Darstellung der wesentlichen Funktionen und Kennzahlen der prominentesten Social Network Sites
- Wissen über die strategische Planung und praktische Anwendung von Social Media in der kommunalpolitischen Arbeit
- Best-Practice-Beispiele der (kommunal-)politischen Kommunikation in Social Media
- Nützliche Tools für die eigene Social-Media-Arbeit

Inhaltsverzeichnis

Einleitung

1

Viel wurde und wird über die „Digitalisierung" gesellschaftlicher Bereiche geschrieben und diskutiert. Digitale Instrumente in der strategischen politischen Kommunikation von Kommunalpolitikern geraten meist nur wenige Wochen oder Monate vor der Wahl in den Fokus der Beteiligten.

Viele Kandidaten zu Gemeinde-, Stadt- und Kreistagswahlen erleben in ihrem ersten Kommunalwahlkampf was es bedeutet, in einer weiteren Öffentlichkeit präsent zu sein und für eigene Vorstellungen zu werben. Bereits etablierte Kommunalpolitiker kennen die Zusammenhänge zwischen Verwaltung, Bürgern, Medien und Anspruchsgruppen bereits besser, aber sind von den Möglichkeiten digitaler Medien vielleicht überfordert oder verunsichert. Sowohl Mandatsträgern als auch Kandidaten bietet dieses Buch eine solide Einführung in das Themenfeld Social Media und zeigt ihnen sowohl theoretische Grundlagen als auch praktische Anwendungsmöglichkeiten auf. Auch Akteure, die nicht in Parteien oder Wählergemeinschaften organisiert sind, beispielsweise Bürgerinitiativen oder Interessengruppen, finden in diesem Buch grundlegende Informationen und kreative Hinweise, wie sie ihre Interessen und Anliegen wirkungsvoll in Social Media vertreten können.

Nicht nur neben- und ehrenamtliche Mandatsträger, wie Gemeinde- oder Kreisräte, können von dieser Einführung profitieren. Auch haupt- und nebenamtliche Bürgermeister sowie Landräte und Mitarbeiter und Beamte in den Verwaltungen finden in diesem Buch grundlegende Informationen über den Einfluss sozialer Medien auf den politischen Meinungs- und Willensbildungsprozess.

Dieses Buch wurde geschrieben, damit politische Akteure im Kommunalen nicht nur „Ad-Hoc"-Online-Kommunikation betreiben, sondern nachhaltige und authentische Social-Media-Auftritte betreiben können. Das Buch ist ebenfalls für

© Der/die Autor(en), exklusiv lizenziert durch Springer Fachmedien Wiesbaden GmbH, ein Teil von Springer Nature 2021
A. Haller, *Social Media für Kommunalpolitiker*, essentials, https://doi.org/10.1007/978-3-658-33630-1_1

Studierende und Dozenten der Kommunikations-, Medien- und Politikwissenschaften konzipiert, um theoretisches Wissen auf relevante Problemstellungen der (Online-) Praxis anwenden zu können.

Ich wünsche den Leserinnen und Lesern dieses Essential-Buches viele neue Erkenntnisse, kreative Anregungen und Freude bei der Lektüre.

Social Media im Mediensystem 2

Was Sie in diesem Kapitel finden können
- Ein kurzer Überblick über die Entwicklung sozialer Medien
- Statistiken und weitere Befunde zur Nutzung von Social Media
- Informationen zur Funktionsweise von sozialen Medien
- Grundlegende Regeln zur Social-Media-Kommunikation durch Kommunalpolitiker

Social Media sind eine, gemessen an der langen Entwicklungsgeschichte der Medien, relativ junge Erscheinung. Das Kapitel zeigt einen kurzen historischen Überblick über die Entstehung sozialer Medien und Social Network Sites auf, fügt sie in das aktuelle Mediensystem ein, zeigt Nutzungsmuster von Bürgern auf und beschreibt die wesentlichen Funktionen von Social Media, damit eine fundierte Grundlage für den praktischen Teil dieses Buches existiert.

2.1 Geschichte der sozialen Medien

Die Geschichte der sozialen Medien reicht weit zurück, wenn man den Begriff weiter fasst und nicht von den heute gängigen Funktionen von Social-Media-Sites ausgeht. Decker (2019) identifiziert fünf Phasen der Entwicklung hin zu den heutigen sozialen Medien:

© Der/die Autor(en), exklusiv lizenziert durch Springer Fachmedien
Wiesbaden GmbH, ein Teil von Springer Nature 2021
A. Haller, *Social Media für Kommunalpolitiker,* essentials,
https://doi.org/10.1007/978-3-658-33630-1_2

3

Phase 1, (1969 bis etwa 1988):

- Aufkommen des Internets als ARPANET (Advanced Research Project Network) am 29.10.1969
- Einführung von E-Mail (1971) und des „Community Memory" 1972 (eine Art Forum)
- Erste Ansätze von Social Media in den 1970er-Jahren mit der Einführung von Bulletin Boards (Decker 2019)

Phase 2 (ca. 1989 und 1999) (Decker 2019):

- Tim Berners-Lee führt das World Wide Web (WWW) und dazugehörige Standards, wie HTML ein
- Geocities ist als Social-Media-Vorläufer beliebt: User können eigene Websites in einer virtuellen Stadt online stellen (Decker 2019)
- Die erste echte Social Network Site ist SixDegrees.com (Decker 2019; Boyd und Ellison 2007)

Phase 3 (2000 bis 2003):

- Re-Ökonomisierung des Webs nach Niedergang von Tech-Aktien im Jahr 2000
- Neue Dienste, die User-Interaktionen in den Mittelpunkt stellten: Wikipedia, Friendster und MySpace sowie Karrierenetzwerke wie Xing und LinkedIn (Decker 2019)

Phase vier (2004 bis 2011):

- Web 2.0: Tim O'Reilly prägte den Begriff Web 2.0
- Kern des Web 2.0: WWW als Plattform, auf der Nutzer mit eigenen Inhalten teilnehmen können
- Entstehen von Facebook, Twitter, YouTube, WhatsApp oder Pinterest

Phase 5 (seit 2012 bis heute):

- Fragen zu Geschäftsmodellen und Monopolstellungen im digitalen Raum (Decker 2019)
- Bezahlte Werbung als dominantes Geschäftsmodell
- Netzwerkeffekte, die zu Monopolisierung oder Oligopolisierung führen: Direkte Netzwerkeffekte durch Anwachsen von Nutzerzahlen auf Plattformen,

indirekte Netzwerkeffekte durch höhere Werbeeinnahmen durch die erhöhten Userzahlen (Dolata 2018)

2.2   Nutzung klassischer und neuer Medien

Kommunale, politische Kommunikation spielt sich, gerade in kleineren Kommunen, in erster Linie direktkommunikativ ab, d. h. Politiker und Wähler begegnen sich persönlich – zufällig oder geplant – und besprechen kommunalpolitisch relevante Gegenstände. Das Anwachsen von Kommunen kann jedoch zu einem zunehmenden Verlust dieser direkten Kommunikationskanäle führen. Dieser Befund wird durch qualitative Einflüsse noch verstärkt, zum Beispiel wenn Auswärtige neu in eine Gemeinde ziehen und keine gewachsenen Bindungen zu örtlichen Vereinen, Interessengruppen oder Parteien haben. Zudem führte die gesellschaftliche Entwicklung dazu, dass bestehende Bindungen an Organisationen, wie Kirchen oder Vereine, zunehmend abnehmen. In der Folge wird es für Kommunalpolitiker also immer schwieriger, direkt mit Bürgern in Kontakt zu treten (Kruschinski und Haller 2018). Die Tatsache, dass Politik in modernen Massendemokratien nicht einmal ansatzweise durch Face-to-Face-Kommunikation, also dem Aufeinandertreffen von Politikern und Bürgern, sichergestellt werden kann, ist also auch auf kommunaler Ebene Realität. Moderne Gesellschaften sichern die allgemeine politische Kommunikation innerhalb eines Staates vor allem durch Massenmedien. Bei einer normativen Betrachtung kommt Journalisten in Demokratien dabei die Rolle zu, zu informieren, zu bilden sowie Kritik und Kontrolle auszuüben.

Social Media sind ein Teil eines hybriden Mediensystems (Chadwick 2013), in dem „alte" Medien, wie Fernsehen, Print und Radio, sowie „neue" internetbasierte Medien nebeneinander existieren. Neuere heben ältere Medien in diesem System nicht etwa auf, vielmehr ergänzen sie sich und stehen in gegenseitigem Austausch. Im Fernsehen werden beispielsweise Tweets von Politikern vorgelesen und diskutiert. Andererseits greifen Nachrichtenportale im Internet Themen der Offline-Berichterstattung auf und bieten Diskussionsräume für die User. Auch in der Kommunalpolitik sind diese kanalüberschreitenden Effekte zu beobachten, etwa wenn User in lokalen Facebook-Gruppen über aktuelle Stadtratsentscheidungen anhand eines onlinegestellten Zeitungsartikels diskutieren. Kommunalpolitikern sollten diese Dynamiken bewusst sein: Wenn man als Politiker nicht in Social Network Sites aktiv ist, bedeutet das nicht, dass es

auf diesen Seiten keine relevante Interaktion gibt. Es ist daher dringend anzuraten, sich als kommunalpolitischer Akteur in den führenden Social-Media-Seiten
anzumelden.

Online-Medien und insbesondere Social Media werden zunehmend beliebter
und von immer mehr Menschen genutzt. Im Jahr 2020 bewegten sich die Deutsche
ab 14 Jahre etwa 204 min pro Tag im Internet, bei den 14–29-Jährigen waren es
sogar 388 min (ARD/ZDF-Onlinestudie 2020a). Insbesondere jüngere Bürger sind
über klassische Medien nahezu nicht mehr erreichbar, sondern informieren sich
online mithilfe der Newsportale lokaler und überregionaler Medienhäuser. Doch
auch ältere Bürger nutzen zunehmend Online-Dienste und Social Media. 67 % der
50–59-Jährigen, 57 % der 60–69-Jährigen und 34 % der über 70-Jährigen nutzen
Onlinedienste täglich (ARD/ZDF-Onlinestudie 2020b). Dies bedeutet, dass auch
ältere Wähler durch das Internet mit kommunalpolitischen Inhalten in Kontakt
kommen und daher auch in diesen Kanälen kontaktiert werden sollten. Kommunalpolitiker sollten diese empirischen Befunde zur Kenntnis nehmen und in ihre
Kommunikationsplanungen überführen.

2.3   Theoretische und praktische Grundlagen von Social Media

Viel wurde über den Begriff Social Media geschrieben, doch relativ undifferen-
ziert wird er in der öffentlichen Debatte oftmals verwendet. Für dieses Buch ist
vor allem der Begriff „Social Network Sites" (Boyd und Ellison 2007) relevant.
Er beschreibt aktuelle soziale Netzwerkplattformen im Internet, obgleich die Definition bereits 2007 erfolgte. Unter Social Network Sites versteht man demnach
„web-basierte Services, die Individuen erlauben, ein **(1) öffentliches oder teil-
öffentliches Profil** innerhalb eines umgrenzten Systems zu erstellen, **(2) eine Liste
von Usern** anzulegen, zu denen eine Verbindung besteht, und **(3) diese Listen
an Verbindungen bzw. Listen anderer innerhalb des Systems anzusehen** und
zu durchwandern" (Boyd und Ellison 2007, S. 210, übersetzt durch den Autor).
Bei jeder Social Network Site wird der User außerdem dazu aufgefordert, einige
Fragen zu seiner Person zu beantworten, deren Antworten schließlich meist in
einem gesonderten Abschnitt zur eigenen Person sichtbar werden. Meist geht es
dabei um grundsätzliche Informationen wie Alter, Geschlecht, Ort oder Interessen.
In der Regel wird der Neu-User auch aufgefordert, ein Profilfoto hochzuladen
(Boyd und Ellison 2007). Blickt man auf heutige Social-Media-Plattformen so
wird offensichtlich, dass die drei genannten Grundfunktionen immer noch Bestand

haben, wenn auch mit anderen Bezeichnungen. „Freunde" (Facebook) bzw. „Follower" (Twitter) sind die gespeicherten Kontakte, die in Listen angelegt werden, die der User durchsehen und per Hyperlink zu den dazugehörigen Profilen besuchen kann. Je nach Privatsphäre-Einstellung können auch weitere User diese Freundschaftslisten ansehen und mit einzelnen Profilen interagieren.

Ein zentrales Phänomen von Social Media ist die **veränderte Rolle der User:** Waren Internetnutzer bei der Einführung des World Wide Webs noch relativ passive Konsumenten von Websites, so wird heute vom Prosumer gesprochen, einem Mischbegriff aus „Konsument" und „Produzent". User können durch Social-Media-Plattformen relativ einfach und kostenfrei eigene Inhalte erstellen und publizieren. Schlagwortartig spricht man in diesem Zusammenhang oftmals vom Mitmach-Web oder Web 2.0, einer technischen Evolution des WWW hin zu neuen Diensten, die User in die Lage versetzten, aktiv am Web teilzunehmen. Web 2.0 ist hierbei nicht als neues Instrument des Marketings zu verstehen, sondern als weitere Möglichkeit „des Zugangs zu sowie der Einbindung von Online-Nutzern" (Kreutzer 2019, S. 9). Web-2.0-Dienste, also Social Media, bieten demnach dem Politmarketing und damit auch lokalen politischen Akteuren mannigfaltige Möglichkeiten im Wählerdialog und in der Vermarktung eigener Ideen. Die großen Social Network Sites bieten im Frontend, also der Useroberfläche, einfache Instrumente dieser User-Teilhabe an, um Fotos, Videos und Texte zu veröffentlichen, sogenannten User Generated Content. Social-Network-Site-Plattformen tun dies selbstverständlich nicht aus altruistischen Motiven, sondern sind an einer intensiven Nutzung ihrer Services interessiert, da ihre wesentliche Einnahmequelle Werbebuchungen sind, die bei höheren Nutzerzahlen und intensiverer Nutzung teurer verkauft werden können. User Generated Content sollte nicht als Laienpublizistik verstanden werden: Er kann kommunalen Politikern und Parteien wichtige Informationen über Wählerbedürfnisse offenbaren, auf Missstände hinweisen oder kreative Inspiration für eigene Kommunikationsaktivitäten bieten.

Wichtig für Kommunalpolitiker ist, dass Social Network Sites als interaktiver Raum verstanden werden, in dem prinzipiell jeder Bürger aktiv Inhalte gestalten und damit auch an Diskussionen teilnehmen kann. Dies entspricht einem weiteren Prinzip von Social Network Sites, der **dialogischen und symmetrischen Kommunikation.** Waren klassische Websites, vor dem Aufkommen der Web-2.0-Services, noch nach dem One-to-Many-Prinzip organisiert – also ein Website-Betreiber, der viele Empfänger erreichen will – so zeichnen sich Social Media dadurch aus, dass User mit Urhebern in den Dialog treten können. Viele Politiker denken noch in klassischen Kategorien der strategischen Kommunikation und stellen Inhalte 1:1 so online, wie sie beispielsweise in Pressemitteilungen abgedruckt werden sollen – als Kommunikationsangebot, das lediglich vom Wähler aufgenommen werden soll. Social Media sind jedoch keine digitalen Litfasssäulen, sondern müssen von politischen Akteuren als digitale Foren verstanden werden, in dem User ihre individuellen Meinungen gegenüber politischen Inhalten publizieren. Es geht also um Dialog über kommunalpolitische Themen, die nicht im Sinne einer Top-Down-Kommunikation vom Politiker an Bürger weitergeleitet werden.

Ein weiteres konstitutives Merkmal von Online-Kommunikation und insbesondere von Social-Media-Kommunikation ist der **Viral-Effekt.** Darunter versteht man das Phänomen, wenn Online-Inhalte wegen der vernetzten Struktur von Social-Media-Usern massenhaft weitergeleitet oder auf den User-Profilen geteilt werden. Streut man geschickt politische Inhalte auf Social-Media-Plattformen, so ist meist keine weitere Bewerbung dieser Inhalte notwendig, um den Viral-Effekt auszulösen (Kreutzer 2019). Wie bei einer Epidemie verbreitet sich eine Nachricht unter den Usern, da sie einen Mehrwert, z. B. Unterhaltung oder wichtige Informationen, im Inhalt sehen. Im negativen Fall handelt es sich um einen Online-Firestorm, im deutschsprachigen Raum oftmals als Shitstorm bezeichnet, also der massenhaften Verbreitung eines Missstandes oder eines Fehltritts durch einen Politiker, der mit zahlreichen negativen User-Reaktionen verbunden ist.

Decker (2019, S. 51–52) führt weitere Merkmale von Social Media an, die nahezu vollständig auf alle Angebote zutreffen: Social Media haben eine **globale Reichweite,** d. h. prinzipiell können User mit ihren Inhalten weltweit Menschen erreichen. Zusätzlich dazu sind Social-Media-Angebote **i. d. R. offen zugänglich,** das heißt es existieren keine großen Zugangshürden. Eine **gute Usability,** also Einfachheit in der Benutzung, gilt als weiteres Merkmal und ist auch notwendig für die Attraktivität von Social-Media-Seiten, damit User sich bei den Angeboten registrieren. **Multimedialität** ist als weiteres konstitutives Merkmal anzusehen, da nahezu jede der Plattformen den Einsatz von Bild, Text, Video und Ton möglich macht. Social Media zeichnen sich auch durch eine **hohe Aktualität und Schnelligkeit** aus, was bedeutet, dass Inhalte „ohne Zeitverzug" (Decker 2019, S. 52) gepostet werden können. Social Media sind zudem **anpassungsfähig**, das heißt, dass neue Funktionen hinzukommen können bzw. frühere Funktionen eine Veränderung durchlaufen. Ein letztes Merkmal ist die Eigenschaft eines **Pull-Mediums**: Zwar identifizieren Algorithmen auf Social Network Sites Inhalte, die für bestimmte User von Interesse sind, aber häufig suchen User auch aktiv nach Inhalten, die für sie interessant sind (Decker 2019). Es ist bereits jetzt wahrnehmbar, dass Social Media zunehmend zu **Push-Medien** werden, da die Algorithmen, z. B. bei der Auswahl bestimmter Themen, immer exakter arbeiten und damit eine zielgenauere Auswahl für einzelne User möglich machen.

2.4   Grundsätze guter Social-Media-Arbeit in der Kommunalpolitik

Bevor das Buch die wichtigsten Plattformen im Social Web mitsamt ihrer Funktionsweisen vorstellt, soll noch auf wesentliche Grundsätze bzw. -regeln guter Social-Media-Nutzung in der kommunalpolitischen Kommunikation eingegangen werden. In der praktischen Social-Media-Kommunikation haben sich diese Grundsätze bewährt und sie gelten daher auch für die politische Kommunikation.

Zunächst gilt eine Regel, die grundsätzlich in allen Formen der strategischen Kommunikation, insbesondere im Marketing und in den Public Relations, Gültigkeit hat: Kommunalpolitiker müssen in der Außendarstellung **authentisch wirken**. Zur Authentizität gehört in erster Linie, Social Media so zu nutzen, dass es zum wahrgenommenen Bild des Politikers durch die Bürger passt. Ein erfahrender und älterer Gemeinderat würde in einem schnell geschnittenen YouTube-Video-Blog wohl wenig authentisch wirken. Ähnliches gilt für Politiker, die bisher keine Erfahrung mit digitalen Medien gemacht haben und sie grundsätzlich auch ablehnen – in diesen Fällen ist es womöglich besser, Abstand von Social-Media-Kommunikation zu nehmen bzw. sie nur zur eigenen Information zu nutzen. Nutzt ein Kommunalpolitiker soziale Medien, so ist darauf zu achten, dass er ein inhaltlich und gestalterisch authentisches Profil produziert. Eine Nachahmung erfolgreicher Online-Kampagnen, beispielsweise aus den USA, wirkt bei Bürgern sehr aufgesetzt und damit unecht. Zielführender ist es, sich der eigenen Eigenschaften, Stärken und Schwächen bewusst zu werden und sich bei der Social-Media-Arbeit daran zu orientieren.

Wie bereits angemerkt, ist die **dialogorientierte Kommunikation** ein typisches Phänomen des Social Web. Nutzer haben durch Social Media die Möglichkeit, einfach und ressourcenarm ihre eigene Meinung zu veröffentlichen bzw. auf Posts zu reagieren. Kommunalpolitiker müssen dieses Charakteristikum von Social Media verinnerlichen und adäquat auf sachliche Beiträge von Bürgern reagieren. Unbeantwortete Bürgeranfragen auf Profilseiten von Kommunalpolitikern können beim betroffenen User zu Verärgerung und Vertrauensverlust führen.

▶   Kommunalpolitische Social-Media-Kommunikation muss immer dialogorientiert ausgerichtet sein. In der Praxis sollte keine Bürgeranfrage unbeantwortet bleiben, damit User eine Bindung zum eigenen Angebot aufbauen.

Social Media bieten ein sehr großes **kreatives Probierfeld** für die User. Die Möglichkeiten sind sehr groß, Inhalte aufzubereiten und zu distribuieren. Dieser Umstand mag oftmals frustrierend wirken, da viele Politiker den Überblick über Funktionen und neue Services verlieren. Andererseits können sich Kommunalpolitiker in den prominentesten Plattformen kreativ ausprobieren und auch Neues ausprobieren. Viele Kommunalpolitiker posten nur mehr oder weniger kurze Texte zur politischen Arbeit und übersehen, dass es multimediale Formen der Darstellung gibt, wie beispielsweise die Produktion eines kurzen Videos über die letzte Kreistagssitzung oder einer Infografik, die den eben beschlossenen Haushalt anschaulich für die User visualisiert. Kreative Abwechslung macht Social-Media-Kanäle interessant und bindet User länger an die jeweilige Seite. Dies bedeutet jedoch nicht, Regeln des sogenannten Corporate Designs zu missachten: Social-Media-Auftritte von Kommunalpolitikern sollten mit Fotos mit Wiedererkennungswert und bestenfalls eigenen und einheitlichen Logos und Slogans bzw. Claims[1] versehen sein.

Wie soeben angemerkt, können die Fülle an Funktionen und Plattformen sowie die schnelle Entwicklung und Veröffentlichung von Änderungen durch die Plattform-Betreiber für Laien sehr schnell zu Unübersichtlichkeit oder Überforderung führen. In diesen Fällen gilt es, **externes Expertenwissen** hinzuzuziehen. Damit ist nicht notwendigerweise eine Online- oder PR-/Marketing-Agentur aus der Region gemeint: In den meisten Wählergruppierungen und lokalen Parteien gibt es (meist junge) Menschen, die sich für Digitalthemen begeistern und einen hohen Wissensstand haben. Kommunalpolitikern wird geraten, diese Experten zu identifizieren und das Expertenwissen in die eigene Arbeit einzubinden.

Ein wesentlicher Fehler von nicht-professioneller Online-Kommunikation ist, dass sie sich nur über den Zeitraum einer Kampagne beschränkt. Social-Media-Arbeit ist jedoch **eine Daueraufgabe,** die über den Wahltag hinweg geleistet werden muss. Selbst bei professionellen politischen Akteuren, wie Land- oder Bundestagsabgeordneten, fällt immer wieder auf, dass die Aktivität auf Facebook und anderen Social Network Sites zunimmt, je näher der Wahltag rückt. Ist eine Wahl vorbei, so sinkt die Aktivität der jeweiligen Seiten, was einem Grundgedanken von Social Media widerspricht, nämlich dem anhaltenden Dialog. Werden Kommunalpolitiker nur vor Wahlterminen auf den relevanten Social-Media-Plattformen aktiv, so erkennen dies User. Dies kann im schlimmsten Fall zu Negativreaktionen der User im Kommentarbereich führen und sich viral als

---

[1]Claims sind übergeordnete und langfristige Aussagen über eine Persönlichkeit bzw. Marke, wohingegen Slogans kurzfristige Aussagen über Produkte oder Dienstleistungen sind. Im Fall der Kommunalpolitik kommen Slogans in Wahlkampagnen vor und können, je nach Wahlkampf, variieren.

Firestorm verbreiten. Es ist normal, dass in Wahlkämpfen mehr Aktivität in Social Media stattfindet, jedoch sollte man es unterlassen während einer regulären Legislaturperiode einer Kommune oder eines Landkreises die digitale Kommunikation stark zurückzufahren oder gar ganz einzustellen.

Die wichtigsten Plattformen

3

Was Sie in diesem Kapitel finden können
- Eine Einführung in die wichtigsten Social-Media-Plattformen im deutschsprachigen Raum
- Wesentliche Statistiken und Kennzahlen zu den ausgewählten sozialen Medien

Bevor praxisbezogene Strategien der kommunalen politischen Kommunikation mitsamt ihrer direkten Anwendung aufgezeigt werden, stellt das folgende Kapitel die wichtigsten Social-Media-Plattformen vor. Der Abschnitt zeigt einen kurzen historischen Abriss, wesentliche Kennzahlen, die hauptsächlichen Funktionen und relevante Key Performance Indicators (KPI), also Zahlen, die den Erfolg von Kommunikationsmaßnahmen messbar machen, der einzelnen Plattformen auf.

3.1 Facebook

Spricht man im Jahr 2021 von Social Media, so ist dabei der Name Facebook nicht mehr wegzudenken. Keine andere Social-Media-Plattform dominiert den Markt der Social Network Sites in der westlichen Welt so wie das kalifornische Unternehmen.

Am 4. Februar 2004 veröffentlichen Mark Zuckerberg, Dustin Moskovitz, Chris Hughes und Eduardo Saverin die Seite The Facebook als Nachfolger der Website facemash.com, einem umstrittenen Bewertungsportal für Frauen. Die wichtigsten Meilensteine in der Geschichte des Unternehmens seien hier kurz genannt (Facebook 2020a):

- September 2004: Einführung der Facebook Wall, auf der Beiträge erscheinen
- Dezember 2005: Fotos können hochgeladen werden
- September 2006: Öffnung Facebooks auch für Nicht-Studenten
- 2007: Videos können gepostet werden
- 2007: Werbung ist möglich
- 2008: Chat-Funktion wird eingeführt
- 2010: Facebook-Gruppen werden eingeführt
- 2011: Einführung der Messenger App
- 2012: Kauf von Instagram
- 2014: Übernahme von WhatsApp

Facebook kann als Plattform betrachtet werden, die unterschiedliche Services und Funktionen vereinigt und die Definition als Social Network Site (Boyd und Ellison 2007) vollständig erfüllt. Die Hauptbestandteile und -funktionen von Facebook werden hier vorgestellt:

Die **Chronik, oder Timeline,** eines Users ist mit einem offenen Tagebuch vergleichbar. In ihr verfasst der Nutzer Texte, stellt Bilder oder Videos online oder verweist auf weitere interne oder externe Inhalte mittels der „Teilen"-Funktion. Je nach gewählter Privatsphäre-Einstellung können einzelne ausgewählte User, alle Facebook-User oder alle Internet-Nutzer die Beiträge auf der Chronik sehen und ggf. kommentieren oder anderweitig mit ihnen interagieren, beispielsweise durch Emoticons oder durch das Teilen von Beiträgen.

Der **Newsfeed** ist der zentrale Bestandteil für User und wird sehr häufig betrachtet. Nach dem Einloggen in Facebook sieht der User immer den Newsfeed, auf dem Beiträge anderer User und Organisationen zu sehen sind. Die Auswahl der angezeigten Beiträge erfolgt dabei durch den Facebook-Algorithmus, der öffentlich nicht einsehbar ist. Facebook erklärt jedoch, dass die Beitragsauswahl von eigenen „Kontakten und Aktivitäten auf Facebook" (Facebook 2020b) abhängt. Zusätzlich dazu rankt Facebook Beiträge höher, wenn sie viele Kommentare, Reaktionen und „Gefällt mir"-Angaben erzeugen (Facebook 2020b). Das Ziel des Unternehmens ist es, sehr beliebte Beiträge passenden Usern häufig anzuzeigen, damit sie möglichst lange auf der Plattform verweilen und dadurch Erlöse durch angezeigte Werbung ermöglichen. Der Facebook-Algorithmus unterliegt laufenden Änderungen: So gab das Unternehmen beispielsweise im Januar 2018 bekannt, die Wahrscheinlichkeit, dass User auf Posts von Freunden reagieren werden, mit in den Algorithmus aufzunehmen (Facebook 2018). Im gleichen Monat gab Facebook-Chef Zuckerberg zudem bekannt, dass die Qualität journalistischer Posts ein weiteres Kriterium im Algorithmus sein wird (Erichsen 2018). Für Kommunalpolitiker, die sich in Facebook bewegen, gibt das einen ersten

Anhaltspunkt für die eigene Arbeit: Inhalte, die viel User-Reaktionen hervorrufen, sind sichtbarer als jene, die wenig Engagement erzeugen.

Die individuellen Auftritte von Usern und Parteien sind als **Profile** oder **Seiten** auf Facebook hinterlegt. Beide Typen erfüllen den gleichen Zweck, nämlich das Veröffentlichen eigener Inhalte in der Facebook-Sphäre. Profile werden meist privat von Einzelpersonen genutzt. Unternehmen und Parteien nutzen hingegen öfter Facebook-Seiten, die als Facebook-Auftritt für die jeweiligen Organisationen stehen. Facebook-Seiten haben mehrere Vorteile gegenüber einfachen Profilen, u. a. zahlreiche Performance-Auswertungen, die Einblicke über den Erfolg der Seite geben. Es ist Kommunalpolitikern daher anzuraten, für die örtliche Partei und/oder für sich eine offizielle Facebook-Seite einzurichten. Dies ist insbesondere deswegen notwendig, um Sponsored Ads einzusetzen, die im weiteren Verlauf des Buches noch vorgestellt werden.

Der **Chat (Messenger)** in Facebook dient der direkten Kommunikation zwischen Bürgern und Kommunalpolitikern. Chats erzeugen eine stärkere Bindung von Personen, da sie direkter und persönlicher funktionieren als Kontaktformulare auf Websites oder auch E-Mails.

Facebook bietet außerdem die Funktion, bestimmte **Emoticons** zu benutzen, um Zustimmung bzw. Ablehnung zu symbolisieren. Das bekannteste Facebook-Emoticon ist der „Like"-Daumen. Nach und nach kamen aber neue Zeichen hinzu, nämlich für „Wut", „Trauer", „Humor/Lachen", „Liebe" und „Wow". Während der Corona-Krise 2020 kam noch ein neues Emoticon hinzu das ein Herz umarmt.

Zentral für den facebookweiten Diskurs sind **Kommentare.** Jeder User hat die Möglichkeit, unter Posts anderer User zu kommentieren. Eine hohe Zahl an Kommentaren deutet auf umstrittene oder beliebte Beiträge hin. Kommunalpolitiker sollten den Kommentarbereich stets im Auge behalten und auf User-Aktionen reagieren.

Bis heute ist Facebook als Einzelplattform die erfolgreichste Social-Media-Seite: 2019 erzielte Facebook einen Gesamtumsatz von über 70 Mrd. und einen Gewinn von knapp 18,5 Mrd. US\$ (Facebook 2020c). Im gleichen Jahr waren etwa 39 % aller Deutschen bei Facebook angemeldet (Statista Digital Market Outlook 2021). Nimmt man WhatsApp als Sonderfall aus der Statistik, so ist Facebook die meistgenutzte Social Network Site in Deutschland. 14 % der gesamten Bevölkerung nutzten den Dienst 2020 täglich, sogar 26 % wöchentlich. Bei der täglichen Nutzung sind es vor allem die Altersgruppen zwischen 14 und 29 (24 %) und 30 bis 49 (19 %), in denen Facebook am erfolgreichsten ist. Ähnlich verhält es sich bei der wöchentlichen Nutzung mit 44 % der 14–29-Jährigen und 34 % der 30–49-Jährigen (ARD/ZDF-Onlinestudie 2020c).

Key Performance Indicators (KPIs) sind Messkategorien, die den Erfolg onlinebasierter Marketingmaßnahmen überprüfbar machen. Auch im kommunalen Politmarketing auf Social Media können KPIs genutzt werden, um den eigenen Kommunikationserfolg zu messen. Bei Facebook muss hier zwischen regulären Posts, also erstellte Beiträge durch Kommunalpolitiker, und bezahlten Posts unterschieden werden (ausführliche Informationen zu bezahlter Werbung auf Facebook folgen im Praxiskapitel).

Für reguläre Posts, die kostenfrei auf Facebook abgesetzt werden können, sind die folgenden KPIs wichtig (Haller 2019):

- **Anzahl der erreichten Reactions pro Post bzw. pro Tag:** Facebook erlaubt Usern, Posts mit Reactions zu versehen. Die bekannteste Reaktion ist der „Like-Daumen", jedoch gibt es noch Emoticons für die Gefühlsausdrücke „love", „wow", „traurig" und „wütend". Generell gilt, dass Posts, die eine hohe Reactions-Zahl auslösen, durch den Facebook-Algorithmus als interessanter bewertet und damit sichtbarer gemacht werden. Vorsicht ist geboten, wenn ein Beitrag sehr viele Reaktionen auslöst, diese aber negativ ausfallen. Anhand der Überwachung der Reactions-Zahl pro Tag oder pro Post lässt sich die Performance der eigenen Posts sehr gut messen.
- **Anzahl der Shares pro Post bzw. pro Tag:** Andere User können Facebook-Posts von Kommunalpolitikern teilen, was im besten Fall den bereits vorgestellten Viral-Effekt auslöst (weitere User teilen den geteilten Beitrag usw.). Kommunalpolitiker sollten daher regelmäßig überprüfen, wie häufig Posts geteilt werden und daraus Schlüsse ziehen: Welche Themen kommen besonders gut an bei den Bürgern? Welche Inhalte werden geteilt?
- **Kommentare pro Post bzw. pro Tage:** Viele Kommentare unter einem Post zeigen an, dass der Inhalt die User berührt und zur schriftlichen oder bildlichen Reaktion ermuntert. Wie bei den Reactions gilt, dass eine rein quantitative Auswertung falsch wäre, sondern auch qualitative Analysen erfolgen müssen, um negative Stimmungen zu erkennen und darauf zu reagieren.
- **Engagement pro Post bzw. pro Tag:** Unter Engagement versteht man bei Facebook die Summe der Reactions, Kommentare und Shares pro Post bzw. pro Tag. Zählt man diese drei Kategorien zusammen, so erhält man einen Gesamtüberblick über die Performance eines Posts bzw. eines Tages.

Sollte sich ein Kommunalpolitiker dafür entscheiden, eine offizielle Facebook-Seite anzulegen, so bietet Facebook eine Vielzahl an Auswertungsmöglichkeiten mit dem Service „Page Insights" (https://www.facebook.com/business/help/633 309530105735) an. Neben den genannten KPIs können so unter anderem auch die demografische Zusammensetzung der Personen, die die Seite geliked haben und weitere Kennzahlen ermittelt werden.

3.2 Instagram

Ähnlich wie bei Facebook ist die Entstehung der Plattform Instagram eine echte Start-Up-Geschichte. Ursprünglich basiert der Bilderdienst auf der App Burbn, die von Kevin Systrom entwickelt wurde. 2010 wirbt Systrom 500.000 US$ ein, um die Software weiterzuentwickeln und ein Team aufzubauen, in dem der damals 25-jährige Mike Krieger mitarbeitete. Gemeinsam mit Krieger verschob Systrom den Fokus seiner App auf die Bilder, die mit Smartphones aufgenommen werden. In dieser Zeit erhielt der Dienst auch den Namen Instagram. Die App wurde am 6. Oktober 2010 veröffentlicht und zog direkt 25.000 User am ersten Tag an. Nach und nach wurden immer mehr Investoren auf die Plattform aufmerksam, sodass im Februar 2011 weitere 7 Mio. US$ in die Firma flossen. Twitter bot, Berichten zufolge, um die 500 Mio. $ für Instagram, die Systrom jedoch ablehnte. Erst 2012 wird die Instagram-App für Android-Smartphones veröffentlicht, die jedoch am ersten Tag bereits über eine Million Mal heruntergeladen wurde (Blystone 2020). Die Nutzung von Instagram ist nicht an eine Mitgliedschaft an Facebook gebunden, obgleich es Funktionen gibt, die beide Services miteinander koppeln.

Ähnlich wie bei anderen Social Network Sites bietet Instagram Funktionen der Profilerstellung, der Vernetzung und der Durchsicht anderer Profile, je nach persönlichen Privatsphäreeinstellungen, an. Der zentrale Darstellungsmodus von Instagram ist die Timeline, in der man gepostete Fotos, Videos, Instagram-Storyies und bezahlte Werbung sieht. Der Instagram-Algorithmus ordnet die Beiträge algorithmisch geordnet nach Relevanz an. Der Algorithmus ist, aus nachvollziehbaren ökonomischen Gründen, nicht öffentlich einsehbar. Jedoch gibt es Hinweise auf die Faktoren, die eine höhere Priorisierung wahrscheinlicher machen. Nach Constine (2018) sind sechs Einflüsse bekannt: Inhalte werden mit **vorher geposteten Inhalten** verglichen und bei hoher Ähnlichkeit priorisiert gerankt. Wenn ein User beispielsweise viele Autobilder mit einem Herz (Like) versieht, werden ihm anschließend mehr Autobilder angezeigt. Auch die **Aktualität** spielt eine Rolle, so werden neue Fotos und Inhalte höher im Ranking platziert. Je aktiver ein User mit einem anderen User **interagiert,** z. B. durch Herzen oder Privatnachrichten, desto wahrscheinlicher ist es, dass die Inhalte des befreundeten Users angezeigt werden. Ein weiterer Faktor ist die **Häufigkeit** der Instagram-Nutzung. Öffnet man die App häufiger, werden neuere Inhalte platziert. Zusätzlich dazu steuert der Algorithmus die Anzeige von Inhalten auch hinsichtlich der

Anzahl der Profile, denen man folgt. Zuletzt entscheidet die **Nutzungsdauer** der App über das Ranking: Je länger man die App nutzt, desto geringere Sortierleistungen erfolgen durch den Algorithmus. Man sieht an dieser Aufzählung, dass der Instagram-Algorithmus ein hoch komplexes System zur Steuerung der Sichtbarkeit von Posts ist. Generell bleiben Algorithmen nicht statisch, sondern werden regelmäßig weiterentwickelt. Die angeführte Aufzählung ist daher nur für eine erste Annäherung zum Verständnis der Instagram-Logik nutzbar. Es gilt, sich regelmäßig auf Tech-Portalen im Internet über die Weiterentwicklung des Sortiermechanismus zu informieren, um eigene Posts effektiv zu gestalten. Analog zu Facebook kann man bei Instagram neben einem privaten Account auch eine Business-Profil einrichten, das die Schaltung von Werbung und die Überwachung relevanter KPIs ermöglicht. Anders als bei Facebook, wo Hashtags ein Nischendasein fristen, sind die Verschlagwortungen von Inhalten bei Instagram ein wesentliches Ordnungssystem. Stand 2020 sind maximal 30 Hashtag pro Instagram-Post erlaubt. Es ist ratsam, genügend aber nicht zu viele Hashtags bei Politikposts zu verwenden. Hashtags sollten zum Inhalt passen und bestenfalls bestehende Hashtags aufgreifen, die bereits eine hohe Reichweite erzielt haben. Neben Hashtags gibt es auch die Möglichkeit, Posts anhand der geografischen Lage einzustellen und zu suchen. Neben Fotos und Videosequenzen gibt es Instagram Stories, die bei Usern sehr beliebt sind. Die Stories werden im Interface in der oberen Leiste angezeigt und verschwinden nach 24 h automatisch wieder. In den Stories können Fotos oder Videos genutzt werden. Daneben gibt es noch die Reels-Funktion, mit der man kurze Videos hochladen kann und die auf der Seite online bleiben können. Zudem gibt es zahlreiche Filter und Effekte, wie Schriftarten, GIFs oder musikalische Begleitung, die Stories lebendiger und ansprechender machen. Für Kommunalpolitiker wichtig ist, dass man Filter und Effekte nicht exzessiv ausnutzt, da ein seriöses Image dadurch verloren gehen kann. Dies bedeutet nicht, dass man keine Ausschmückungen verwenden sollte – lustige oder ironische Effekte sind durchaus sinnvoll – sondern, dass man sie passend zum eigenen Image einfügt. Als weitere und bei allen Social Network Sites gängige Funktion besteht die Möglichkeit geheime Direktnachrichten an andere User zu schicken.

Instagram ist insbesondere für jüngere Zielgruppen interessant: 84 % der 14–19-Jährigen und 58 % der 20–29-Jährigen nutzen Instagram in Deutschland (Faktenkontor und IMWF 2018). Facebook wiederum wird eher von älteren Personen genutzt. Instagram eignet sich daher insbesondere als Plattform für jüngere Kommunalpolitiker, doch auch erfahrenere Politiker können den Dienst nach

Einarbeitungszeit für sich nutzen. Welche Möglichkeiten es in der kommunalpolitischen Kommunikation mit Instagram gibt, wird im Praxiskapitel ausführlich
dargestellt.

3.3 Twitter

Twitter ist eine Social Network Site, die sich insbesondere um Kurznachrich-
ten dreht. Am 21. März 2006 wurde der erste Tweet, eine damals noch auf 140
Zeichen begrenzte Nachricht, von Twitter-Gründer Jack Dorsey abgeschickt, sein
Inhalt: „Just setting up my twttr" (Kroker 2013). Ursprünglich sollte Twttr, so der
damalige Name des Projekts, eine kostenlose Alternative zu SMS sein. Im Juli
desselben Jahres wird die Plattform durch Dorsey und den beiden Mitbegründern
Evan Williams und Biz Stone für die Öffentlichkeit freigeschaltet. Ein Jahr später
wurde eine aktualisierte Version veröffentlicht und die Twitter Inc. unter zu Hil-
fenahme von Kapitalgebern gegründet. Erst 2010 wurde die Plattform durch die
Einführung von „promoted Tweets", also bezahlten Posts, monetarisiert (Britannica 2020). Schon bald, Ende der 2000er-Jahre, wurde deutlich, dass Twitter ein
größeres Potenzial hat, als nur als Kurznachrichtenplattform zu dienen. Promi-
nente eiferten um mehr Follower und US-Wahlkampagnen nutzten die Plattform
als Kommunikationsinstrument. Insbesondere Barack Obamas Kampagne im Jahr
2008 setzte verstärkt auf Social Media und Twitter wurde zum direkten Kanal
zum demokratischen Kandidaten, der unverfälschte und persönliche Nachrichten
online stellte und damit Millionen User anzog (Britannica 2020). Auch Medienhäuser erkannten das Potenzial von Twitter, einerseits als Distributionsplattform
für Artikel und Videos und andererseits als Informationsquelle, da zahlreiche Pro-
minente, Politiker und Experten twittern. Die Britannica (2020) stellt insbesondere
die Funktion der Echtzeitkommunikation von Twitter in den Vordergrund: Twitter-
Berichterstattung und persönliche Tweets und Einschätzungen an Wahlabenden
zeigen, das Twitter vor allem der ad-hoc-Kommunikation dient. Im Wahlkampf
des republikanischen Kandidaten und späteren US-Präsidenten Donald Trump
offenbarte sich, dass eine ganze Kommunikationsstrategie auf Twitter und Social
Media setzen kann. Trump gelang es, mit seinen oftmals provokanten Tweets The-
menagenden zu setzen, über die im Anschluss in traditionellen Medien und in der
Öffentlichkeit diskutiert wurde.
　　Gemessen an den Nutzerzahlen ist Twitter weniger bedeutend im deutschsprachigen Raum als andere Social Network Sites und kommt an fünfter Stelle (20 %)
der regulär genutzten Seiten nach Facebook, YouTube, Instagram und Pinterest.

Die mittlere Alterskohorte (35–44 Jahre) macht den Großteil der deutschen Nutzer aus (Statista 2020).

▶ Twitter ist im deutschsprachigen Raum weniger bedeutend als in den USA. Unter Umständen kann die Plattform aber für kurze Statements sowie zur Informationssuche in der Kommunalpolitik verwendet werden.

Wie kurz angemerkt sind sogenannte **Tweets das kommunikative Kernelement** bei Twitter. Tweets sind kurz Nachrichten und bestehen mittlerweile aus maximal 280 Zeichen. Tweets werden einerseits auf der **Hauptseite** angezeigt. Hier sehen User die Nachrichten der **Profile,** die sie abonniert haben bzw. **bezahlte Postings.** Andererseits besteht die Möglichkeit eigene Tweets auf der Profilseite einzusehen. Die Accounts beginnen mit einem **@-Zeichen,** das auch in Tweets genutzt werden kann, um andere Profile zu markieren. Dies ist insbesondere hilfreich, wenn man andere Kommunalpolitiker auf einen Inhalt aufmerksam machen will. Die markierte Person erhält nach dem Setzen des @-Operators eine Benachrichtigung über die Markierung. Die bekannten **Hashtags, sichtbar am #-Zeichen,** dienen als Ordnungssystem auf Twitter und erlauben es dem User, zu bestimmten Themen zu schreiben und ihre Inhalte mit einem passenden Hashtag zu versehen. Es gibt außerdem eine **Reply-Funktion** zum Antworten auf fremde Tweets, die an dem Sprechblasen-Symbol erkennbar ist. Die **Likes** werden bei Twitter mit **Herzen** ausgedrückt und über das Brief-Symbol lassen sich geheime **Direktnachrichten** an andere User schicken. Besonders wichtig für die Reichweite ist die **Retweet-Funktion,** die der Teilen-Funktion von Facebook entspricht. Die Funktion wird durch zwei ineinandergreifende Pfeile symbolisiert. Häufig geteilte Tweets erhalten eine weitaus höhere Sichtbarkeit und haben damit eine größere Chance, Aufmerksamkeit zu erlangen.

Twitter kann als zusätzliche Social Network Site durch Kommunalpolitiker bespielt werden, sollte aber keine Priorität genießen. Insbesondere der Kontakt zu Journalisten und politischen Mitbewerbern macht Twitter attraktiv für Kommunalpolitiker, insbesondere für Oberbürgermeister und Landräte, die ein weiteres mediales Echo hervorrufen wollen. Viele Journalisten, auch in regionalen Medienhäusern, nutzen Twitter zur Recherche bzw. zitieren regelmäßig aus Tweets von politischen Akteuren.

3.4   Blogs

Eine besondere Form von Social-Media-Angeboten sind sogenannte Blogs oder Weblogs. Darunter versteht man von Usern generierte Websites, die individuelle Beiträge der jeweiligen User beinhalten. Der Begriff „Blog" setzt sich aus den Wörtern Web und Log(buch) zusammen und kann als „Internet-Notizbuch bzw. als **Internet-Tagebuch**" (Kreutzer 2018, S. 34) übersetzt werden. Der Vorteil bei Blogs ist, dass es mittlerweile zahlreiche Anbieter gibt, mithilfe derer man relativ unkompliziert eigene Blogs erstellen kann. Zu den bekanntesten Blog-Plattformen gehören WordPress, Tumblr und Blogger. Wie bei anderen Social-Media-Angeboten können User eigene Texte, Bilder, Videos und andere Medienformate in Beiträgen einfügen. Besucher können auf diese Beiträge mit Kommentaren reagieren und sie auch Verlinken. Blogbetreiber können zudem sogenannte **Permalinks** erstellen, mit denen auf verwandte Blogs verwiesen wird. Damit wird eine höhere Interaktion mit anderen Usern bzw. Bloggern erzeugt. Daher spricht man auch von der **Blogosphäre**, die die Gesamtheit aller Blogs bezeichnet (Kreutzer 2018). Im Gegensatz zu klassischen Websites sind Blogs also **dynamischer und dialogorientierter** und daher Angebote aus dem Bereich der sozialen Medien. Ähnlich wie bei Hashtags werden sogenannte **Tags** benutzt, um Beiträge in Kategorien einzugruppieren (Kreutzer 2018). Tags sind also eine ähnliche Form der Verschlagwortung wie in anderen Social-Media-Angeboten. Kommunalpolitiker, die Blogs einrichten, können Beiträge beispielsweise in Kategorien wie „Stadtratssitzung", „Region" oder „Ortstermin" kategorisieren.

Blogs sind, wie andere soziale Medien, **insbesondere unter jüngeren Usern sehr beliebt.** Doch auch für ältere Mitbürger sind Blogs interessante Informationsangebote, da Blogs auch als reguläre Websites genutzt werden können. Dies bedeutet, dass Kommunalpolitiker Blogs einrichten können, um einerseits informative oder unterhaltende Einträge online zu stellen und andererseits über ihre Person bzw. Partei zu informieren. Blogs sind daher, neben der Interaktivität und der dialogischen Kommunikation, ideale Ergänzungen zu anderen Online-Angeboten in der kommunalpolitischen Kommunikation. Insbesondere zur ausführlicheren **Berichterstattung über politische Planungen und Entscheidungen sind Blogs sehr gut geeignet.** Blog-Beiträge können nämlich ausführlicher ausfallen, da sie eher den Charakter von Online-Berichten haben. Es ist dennoch darauf zu achten, Beiträge ansprechend mit visuellen Inhalten zu bestücken, damit User nicht mit einer unüberschaubaren Textmenge konfrontiert sind. Kreutzer (2018, S. 36–37) gibt zu bedenken, dass der Aufbau und Betrieb eines Blogs sehr aufwendig sind, da „qualifizierte Inhalte" erstellt werden müssen, die den Usern einen positiven Eindruck vermitteln und sie langfristig an das Angebot binden. Es gilt, interessante, d. h. werthaltige, Inhalte zu recherchieren und zu erstellen, die User unterhalten oder informieren.

Da Blogs, wie andere Social-Media-Plattform auch, dialogorientiert sind, gilt es, die „Netiquette", also die Internet-Etikette, im Auge zu behalten. Kreutzer (2018, S. 42) gibt einige Hinweise, wie man sicherstellen kann, dass andere User Blog-Kommentare angemessen formulieren:

- **User sollten mit dem eigenen Namen kommentieren** und ggf. aufgefordert werden, sich mit ihren Namen zu registrieren.
- **Kommentare sollten in sachlicher Weise** verfasst sein und nicht aggressiv wirken. Insbesondere strafrechtlich relevante Inhalte müssen vermieden werden.
- Bei **unpassenden** bzw. illegalen Kommentaren sollte der Blogbetreiber aktiv werden und sie **löschen**. In gravierenden Fällen müssen Kommentare auch den Strafverfolgungsbehörden gemeldet werden.

3.5   Sonderfall WhatsApp

Mancher Leser wird sich beim Studieren des Inhaltsverzeichnisses gewundert haben, wieso die Messenger-App WhatsApp in einem Buch über Social Media in der Kommunalpolitik auftaucht. Tatsächlich ist WhatsApp nicht als vollwertige Social Network Site zu betrachten, besitzt aber Merkmale von diesen: Es ist möglich, Stories in seinem Status zu veröffentlichen und man besitzt eine Liste an Kontakten, die man anhand ihrer Stati durchsehen kann.

WhatsApp wurde im Jahr 2009 von Jan Koum und Brian Acton gegründet und verstand sich zunächst als Alternative zu kostenpflichtigen SMS-Nachrichten. Seit 2014 gehört das Unternehmen zu Facebook, der Service wird jedoch weiterhin als eigenständige App betrieben (Pahwa 2020; WhatsApp 2020a). Die Gründungsgeschichte von WhatsApp erscheint dabei wie eine typische Start-Up-Story aus den USA: Koum und Acton verließen 2009 Yahoo!. Eine Bewerbung bei Facebook schlug fehl, also versuchten die beiden sich in der App-Entwicklung und gründeten am 24. Januar 2009 die Firma WhatsApp. Die erste Version der App hatte mit der heute bekannten Applikation wenig gemein, da nur reine Statusupdates möglich waren und keine echte Konversation geführt werden konnte. Koum erkannte jedoch, dass die WhatsApp-User chatähnliche Muster produzierten, indem sie ihre Stati bezogen auf die Stati anderer änderten. Version 2.0 enthielt schließlich die heute bekannte Messenger-Funktion und war ein durchschlagender Erfolg: Innerhalb weniger Monate nutzen 250.000 Menschen die App. Die Erfolgsgeschichte der App rief Investoren auf den Plan, sodass der Facebook-Konzern im Februar 2014 für damals nicht vorstellbare 19 Mrd. US$ die App aufkaufte (Pahwa 2020).

68 % aller Deutschen nutzen WhatsApp täglich, 78 % zumindest wöchentlich. Bei den 14–29-Jährigen sind es sogar 95 %, die WhatsApp wöchentlich bzw. 92 %, die die App täglich nutzen (ARD/ZDF-Onlinestudie 2020c).

WhatsApp verfügt über mehr Funktionen, als die **reine Messenger-Funktion,** die klassische Chats ermöglicht. In WhatsApp können **abgeschlossene Gruppen** erstellt werden, um mit einem ausgewählten Personenkreis per Chat oder Sprachnachricht zu kommunizieren. Bis zu 256 User können pro Chatgruppe teilnehmen und chatten sowie Dateien (Videos, Fotos usw.) austauschen. Eine **Broadcast-Funktion** erlaubt es, Nachrichten an einen festen Empfängerkreis zu versenden. Es können außerdem **Telefonate und Konferenzen** mit den Kontakten durchgeführt werden, die mithilfe von W-LAN kostenfrei sind. Über **WhatsApp für Web/Desktop** ist es zudem möglich, bestehende Unterhaltungen am Computer weiterzuführen (WhatsApp 2020b).

Anhand der Aufzählung der wesentlichen WhatsApp-Funktionen wird bereits deutlich, dass WhatsApp sehr großes Potenzial für die kommunalpolitische Kommunikation besitzt. Neben der Informationsweitergabe kann die App auch für organisatorische Absprachen genutzt werden, worauf im Praxiskapitel näher eingegangen wird.

Für WhatsApp ist es, im Vergleich zu Social Network Sites wie Facebook, vergleichsweise schwierig, zuverlässige KPIs zu ermitteln. Dies liegt insbesondere daran, dass WhatsApp durch die privaten Gruppen ein relativ geschlossenes System darstellt und auch private 1:1-Unterhaltungen keiner Auswertung unterliegen, die für die Teilnehmer einsehbar ist. Es ist für Kommunalpolitiker zudem nicht ersichtlich, wie weit eine WhatsApp-Nachricht über den eigenen direkten Empfängerkreis hinaus gestreut wird, beispielsweise durch Weiterleitung von Chatteilnehmern. Dennoch ist es ratsam, die Größenordnungen der WhatsApp-Gespräche im Blick zu behalten, unter anderem durch die Anzahl der WhatsApp-Bürgerkontakte pro Woche/Monat/Quartal: Abnehmende Anfragen können einerseits ein Indiz dafür sein, dass es kein Bedürfnis gibt, mit Kommunalpolitikern per Messenger in Kontakt zu treten. Eine Abnahme kann andererseits auch so gewertet werden, dass der Bürger-Dialog per WhatsApp nicht bekannt genug ist und stärker kommuniziert werden sollte.

Instrumente der kommunalen politischen Kommunikation in Social Media

4

> **Was Sie in diesem Kapitel finden können**
> - Informationen, wie man Social Media als Informationsquelle für die kommunalpolitische Arbeit nutzen kann
> - Tipps, wie man soziale Medien zur Organisation und Mobilisierung in der Kommunalpolitik einsetzt
> - Eine Einführung in die dialogische Kommunikation mit Bürgern über Social Media
> - Wissen, wie man Content Marketing in Social Media umsetzt und damit User bindet
> - Erklärungen, wie man bezahlte Inhalte in den wesentlichen Social-Media-Plattformen einsetzt und welchen Nutzen sie haben

Im vorherigen Kapitel wurden die wesentlichen Social-Media-Kanäle im deutschsprachigen Raum vorgestellt. Der folgende Abschnitt widmet sich nun den praxisrelevanten Strategien und konkreten Maßnahmen, die Kommunalpolitiker in den genannten Kanälen anwenden können.

4.1 Social Media als Informationsquellen

Viele Politiker, insbesondere auf lokaler Ebene und auch diejenigen, die digitalaffin sind, scheuen eigene Internetauftritte, weil sie Online-Firestorms („Shitstorms") oder zu viel Mehraufwand befürchten. Zwar rät der Autor dieses Buches jedem Kommunalpolitiker den Aufbau von Social-Media-Profilen, aber im negativen Fall der Verweigerung sollten Social Media zumindest für einen zentralen

A. Haller, *Social Media für Kommunalpolitiker,* essentials, https://doi.org/10.1007/978-3-658-33630-1_4

Zweck benutzt werden: Der Informationssammlung. Social Media funktionieren, weil Menschen sich gerne austauschen, sich ausdrücken und Neuigkeiten erfahren möchten. Aus diesen Gründen finden sich in den erfolgreichen Social-Media-Seiten regelrechte Datenmassen, aus denen Kommunalpolitiker wertvolle Informationen erhalten können. Die zentralen Informationsquellen werden in diesem Kapitel aufgezeigt.

Wie bereits bei den Grundfunktionen von Facebook aufgezeigt, verfügt die Plattform über Gruppen, die zumeist thematisch definiert sind. Neben Gruppen zu individuellen Hobbies gibt es digitale Flohmarktgruppen, satirische Gruppen und zu zahlreichen weiteren Themen. Insbesondere eine Sorte Facebook Group hat in den letzten Jahren an Beliebtheit zugenommen: Lokale Gruppen, die Bürger einer Gemeinde vereinen wollen und in denen aktuelle, meist lokale oder regionale Themen, behandelt werden. Diese Art von Gruppen tragen häufig Bezeichnungen wie „Du bist ein echter (Bewohner von Gemeinde XY), wenn…" oder „(Stadt XY) – Fragen und Antworten". Die Gruppen selbst werden i. d. R. durch normale User gegründet und verwaltet. Durch die Facebook-Suchfunktion ist es nicht schwierig, lokale Gruppen aufzuspüren, mit Ausnahme einer Gruppenart. Es gibt offene, geschlossene sowie geheime Gruppen: Die Beiträge in offenen Gruppen sind öffentlich auf Facebook einsehbar. Geschlossene Gruppen sind in Facebook auffindbar, jedoch muss ein Gruppen-Administrator die Beitrittsanfrage bestätigen. Geheime Gruppen sind nur für Mitglieder der Gruppen sichtbar und sind in der Suche nicht durch andere Personen zu finden. Für Kommunalpolitiker sind lokale Gruppen wertvolle Informationsquellen, da in ihnen aktuelle Themen und Ereignisse auf lokaler Ebene diskutiert werden. Es lohnt sich, in lokalen Gruppen Mitglied zu werden und mehrmals wöchentlich, bestenfalls täglich, zu kontrollieren, welche neuen Beiträge dort gepostet werden. Die Beiträge können Aufschluss darüber geben, worüber sich die Bürger Gedanken machen und welche Bedürfnisse bestehen.

Diese Informationen sind jedoch immer quellenkritisch zu hinterfragen: Versucht ein lokaler Geschäftsinhaber vielleicht nur, für seine Ziele eine Themenagenda aufzubauen? Handelt es sich um äußerst kleine Partikularinteressen, wenn eine Person immer den gleichen Wunsch äußert und niemand positiv darauf reagiert? Zudem ist zu beachten, dass Meinungen, die in Facebook-Gruppen geäußert werden, ähnlich wie in Leserbriefen in der Lokalzeitung, nicht als repräsentativ zu betrachten sind, d. h. man kann prinzipiell nie von einzelnen (auch nicht von mehreren!) geposteten Standpunkten auf die Allgemeinheit der Bevölkerung einer Gemeinde schließen. Der Vorteil des Facebook-Algorithmus ist, dass man Beiträge aus lokalen Gruppen, in die man beigetreten ist, häufig automatisiert angezeigt bekommt. Dies ist insbesondere bei Beiträgen der Fall, die ein hohes

User-Engagement, also viele Kommentare und/oder Likes bzw. geteilte Beiträge, erreichen. In diesen Fällen ist eine genauere Analyse der betreffenden Posts unerlässlich, weil der Inhalt offenbar einen „Nerv" der lokalen Facebook-Gemeinde getroffen hat. Sollte unklar sein, wie eine Information oder ein Anliegen zu beurteilen ist, so sind höfliche Nachfragen hilfreich: Kommunalpolitiker können bei Bürger-Beiträgen genauer nachfragen, etwa warum die Gestaltung des neuen Stadtparks nicht gefällt. Es geht in diesem Schritt um Informationsgewinnung, was bedeutet, dass man eigene Standpunkte und Argumente vorerst nicht in Beiträgen posten sollte. Im Fokus stehen die reinen Informationen über Bürgeranliegen und Stimmungen in der Bevölkerung.

Auch geheime Gruppen können für Parteien und Politiker nützlich sein: Sie eignen sich sehr gut für Diskussionen unter Mitstreitern und die interne Organisation, beispielsweise während Wahlkämpfen. Gerade in Wahlkampfzeiten sollte man aber stets darauf achten, nicht zu viele Kanäle parallel für die interne Abstimmung zu nutzen, da sonst Informationsverluste auftreten können. Besteht keine oder keine sehr aktive lokale oder regionale Facebook-Gruppe, so kann es strategisch sinnvoll sein, eine Gruppe zu gründen, um Bürgern die Möglichkeit des Austauschs zu geben und Informationen zu gewinnen. Hierbei sind jedoch mehrere Dinge zu beachten: Als Administrator einer Facebook-Gruppe bestehen Verantwortungen gegenüber der Facebook-Community. Administratoren müssen u. a. dafür sorgen, dass Diskussionen sachlich verlaufen und kein Ausufern von Beiträgen geschieht. Dies bedeutet einen größeren Mehraufwand als für reguläre User, die in Gruppen Mitglied sind. Zudem muss nach einer Gruppen-Gründung durch Kommunalpolitiker vermieden werden, die Seite für parteipolitische oder individuelle politische Ziele zu gebrauchen, etwa durch Werbeposts oder langatmige politische Botschaften. Im Mittelpunkt steht zunächst die Informationsgewinnung durch Gruppen.

Auch auf Instagram lassen sich lokale und regionale Informationen finden. Instagram nutzt, ebenso wie Twitter, Hashtags und Geoinformationen als Ordnungssysteme. Die Verschlagwortung und örtliche Lokalisierung dienen dazu, Bild- und Videobeiträge thematisch oder geografisch nachzuvollziehen. Es bietet sich also an, in regelmäßigen Abständen lokale Hashtags, beispielsweise den Ortsnamen oder die Bezeichnung lokaler Feste und Ereignisse, auf Instagram zu überprüfen. Zudem können über die Standortsuche User-Beiträge, u. a. auf Ebene der Kommune und des Landkreises gefiltert werden. Bei der Ortsuche kann außerdem nach Lokalitäten, beispielsweise Restaurants, Hotels oder Sehenswürdigkeiten, gesucht werden. Beide Suchstrategien, Hashtags und Geolokation, ermöglichen die Identifizierung relevanter Inhalte, die über die Befindlichkeit der User Aufschluss geben können. Da Instagram den Fokus auf visuelle Kommunikation, also Fotos und Videos, legt, ist mit weniger Informationsgehalt zu rechnen als beim stärker diskursiv angelegten Facebook, bei dem User längere Texte verfassen. Dennoch können Bilder insbesondere emotionale Zustände enthüllen: Posten Bürger sehr viele Fotos vor einem lokalen Ereignis, beispielsweise einem traditionellen Fest, so zeigt dies ein hohes emotionales Involvement, d. h. die User empfinden starke Gefühle gegenüber dem Ereignis oder Thema. Dies kann schließlich als Hinweis dazu dienen, das Thema in der eigenen Kommunikationsarbeit aufzunehmen und z. B. proaktiv vor einem wiederkehrenden Fest eigene Fotos oder Videos hochzuladen.

Hashtags wurden insbesondere durch die Social Network Site Twitter populär. Daher können diese Verschlagwortungen auch bei Twitter genutzt werden, um lokale Themen und Diskussionen aufzuspüren. Zwar ist Twitter im deutschsprachigen Raum nicht so verbreitet wie in anderen Ländern, insbesondere den USA. Dennoch nutzen vor allem Journalisten, Politiker und Experten (Wissenschaftler, Publizisten) den Kurznachrichtendienst. Sie können als Opinion Leader, also als Meinungsmacher, bezeichnet werden und ihre Beiträge dienen oftmals als Startpunkt breiterer Diskussionen, etwa wenn Journalisten aus Twitternachrichten zitieren. Daher sollten auch Kommunalpolitiker anhand von Hashtags relevante Informationen über ihre Region suchen und Schlüsse daraus ziehen.

Interessante lokale Inhalte sind mitunter auch auf Googles Videoplattform YouTube zu finden. Anhand der Suchfunktion können Kommunalpolitiker Videos finden, die einen regionalen Bezug aufweisen. Bei den Suchbegriffen kann man variieren und Ortsnamen, Landkreisbezeichnungen oder auch die Namen regionaler Sehenswürdigkeiten benutzen, um aktuelle Videoinhalte zu finden. Findet man ein relevantes Video, so ist eine Analyse der unter dem Video befindlichen Kommentare von Interesse: Gegebenenfalls hat sich eine Diskussion über das Thema des Videos entfaltet, die Rückschlüsse auf Bedenken bzw. Unterstützung durch die Bürger zulässt. Auch die Zahl der Aufrufe ist von Bedeutung, da sehr hohe Zugriffszahlen auf ein hohes Interesse hindeuten. Zusätzlich dazu kann anhand der Likes – im Falle von YouTube können Daumen erhoben oder gesenkt werden – ermittelt werden, wie beliebt der Video-Inhalt ist. Hier ist Interpretationsarbeit nötig, da zunächst unklar ist, ob sich beispielsweise (Dis)Likes auf Missstände, auf die ein Video hinweist, beziehen oder das Video an sich.

Das Kapitel machte deutlich, dass neben direkten Bürgerkontakten oder Leserbriefen weitere, nämlich digitale, Recherchemöglichkeiten für Kommunalpolitiker existieren. Im Social Web entfalten sich individuelle Meinungen ebenso, wenn nicht umfangreicher, als im Offline-Leben. Kommunalpolitiker sind daher angehalten, regelmäßig die relevanten Social-Media-Kanäle zu überprüfen und Bürgerkommentare zu analysieren.

4.2 Social Media als Organisations- und Mobilisierungsplattformen

Insbesondere in Kommunalwahlkampagnen, aber auch während der Legislatur-perioden von Stadt- und Gemeinderäten sowie Kreistagen, ist die Frage der Organisation innerhalb von Parteien, Wählergemeinschaften und Fraktionen zen-tral. Ehrenamtliche Helfer müssen beispielsweise koordiniert und informiert, motiviert und mobilisiert werden. Nachdem kommunale Parteien ein Wahlkampf-team zusammengesetzt haben, kommt oft die Frage auf, wie man sich außerhalb der Planungstermine abspricht und koordiniert. Hierfür bieten Social Media zahlreiche Möglichkeiten.

Nutzt man Social-Media-Angebote zur Organisation und Koordination von Projekten in der Kommunalpolitik, so ist vor allem zu beachten, **nicht zu viele Kanäle parallel zu benutzen.** Versucht man beispielsweise Parteimitglieder oder Wahlkampfteams mit einer geschlossenen Facebook-Gruppe, einer WhatsApp-Gruppe und weiteren Tools, z. B. Projektmanagement-Apps, zu koordinieren, so führt dies einerseits zu Konfusion und andererseits oftmals zu Frustration, da Informationen parallel über die unterschiedlichen Kanäle auf die Personen einströmen. Sinnvoller hingegen ist es, die Kanäle je nach funktionalem Zweck auszuwählen. Kurzfristige Plan- oder Terminänderungen verschickt man am bes-ten mittels eines Messengers, z. B. WhatsApp. Will man hingegen einen einzelnen Planungsschritt besprechen, so eignet sich eine abgeschlossene Facebook-Gruppe besser, da die Übersichtlichkeit des Gesamtbeitrags in einer Facebook-Diskussion besser gewahrt bleibt.

WhatsApp hat, wie bereits dargestellt, eine sehr große Verbreitung und damit eine hohe Nutzerzahl. Dies bedeutet, dass dieser Messenger-Dienst **für interne Absprachen in Parteien** wegen der großen Bekanntheit sehr gut geeignet ist. Dateien, wie Kandidaten- oder Terminfotos sowie O-Töne, sind schnell aus-tauschbar unter den Gruppenmitgliedern. Auch kleinere Videokonferenzen lassen sich mit der App gut durchführen. Zusätzlich dazu können sich die einzelnen Mitglieder natürlich auch in kleineren Chatgruppen austauschen, was sich gut dafür eignet, Teamarbeiten auszulagern, z. B. in einer eigenen Gruppe für das Plakatierteam.

Neben WhatsApp gibt es auch **mobile Tools,** die speziell für kollaboratives Arbeiten in Teams programmiert wurden. Ein bekannter Dienst ist **Slack,** das ähnliche Funktionen wie WhatsApp besitzt, aber noch stärker auf die Teamarbeit ausgelegt ist. Es lassen sich beispielsweise einzelne Teamkanäle anlegen, beispielsweise für das Spendenteam, das Organisationsteam oder das Social-Media-Team. Wie bei WhatsApp sind auch Audio- und Videoanrufe und private Chats durchführbar. Es gibt Slack als kostenlose Version mit eingeschränktem Funktionsumfang zum Download.

Weitere Funktionen, die Social Media erfüllen sollen, sind die **Motivation und Mobilisierung** von Anhängern. Gerade hier bieten Messenger-Dienste viele Vorteile: Direkte Messenger-Chats mit Kommunalpolitikern vermitteln eine sehr große Nähe zur Person – sie werden als persönlicher wahrgenommen. Es wurde bereits deutlich gemacht, dass direkte Online-Kommunikation mit den Bürgern ein essenzieller Bestandteil von Social-Media-Arbeit ist. Kommunalpolitiker sind (meist) keine professionellen Politiker und haben daher meist eine engere Bindung zu den Bürgern. Viele Politiker haben Bürger als Kontakte bei WhatsApp gespeichert, weil sie im dem kommunalen Leben befreundet oder bekannt sind. WhatsApp bietet sich daher an, Menschen unaufdringlich aber sichtbar zu motivieren und zu mobilisieren. Seit einiger Zeit bietet WhatsApp Usern die Möglichkeit an, ihren eigenen Status zu posten, ähnlich einer Instagram-Story. Nutzer können aktuelle Fotos, Videos und GIF-Dateien online stellen. Kommunalpolitiker können diese Funktion nutzen, um ihre derzeitige Tätigkeit für die Gemeinde oder den Landkreis aufzuzeigen, z. B. dass sie gerade einen Vor-Ort-Termin haben, Haustürbesuche machen oder an einer Podiumsdiskussion teilnehmen. Vorteilhaft ist, dass WhatsApp-Stati nicht als Push-Mitteilung an alle Kontakte gesendet werden, sondern von den anderen Kontakten selbstständig geöffnet werden müssen, also weniger aufdringlich wirken. Postet ein Kommunalpolitiker also regelmäßig Stati von seinen Aktivitäten, so kann dies mobilisierend hinsichtlich potenzieller Wähler, die er als Kontakte gespeichert hat, wirken. Es kann zudem motivierend für Anhänger wirken, die beispielsweise ehrenamtlich im Wahlkampf mithelfen oder in der Partei bzw. Wählergruppierung wirken. Gerade in der Schlussphase von Kommunalwahlkämpfen können Status-Mitteilungen den Eindruck vermitteln, dass der betreffende Politiker bis zum Wahltag im Einsatz ist und sich um die Belange der Gemeinde kümmert. Ehrenamtliche Helfer seiner Partei werden dadurch motiviert und es kann eine kraftvolle Schlussmobilisierung einsetzen.

4.3   Dialogische Kommunikation mit dem Bürger

4.3.1   Grundlagen des dialogischen Social-Media-Dialogs

Soziale Medien zeichnen sich vor allem dadurch aus, dass **User eigene Inhalte produzieren** und auf anderen Content reagieren können. Das Wesensmerkmal der dialogischen Kommunikation beurteilen viele Kommunalpolitiker zunächst negativ, da die Gefahr gesehen wird, dass eigene Posts in der Web-Öffentlichkeit von Usern kritisiert oder gar skandalisiert werden. Tatsächlich kann der direkte Austausch mit der Social-Media-Gemeinde jedoch von Vorteil sein, wenn er strategisch geplant wird und von klassischen Marketingmaßstäben (Wunsch nach Kontrolle o.Ä.) abweicht.

Eines der vorherigen Kapitel behandelte die vielfältigen Möglichkeiten der Informationssammlung für kommunale politische Akteure in den sozialen Medien. Stößt man als Kommunalpolitiker auf Posts, die eine hohe User-Interaktion hervorrufen, also viele Likes, Kommentare oder Shares erreichen, so kann man sich **an der Diskussion beteiligen.** Es geht in der dialogischen Online-Kommunikation aber nicht um (durchschaubare) Reklame. Ein Negativbeispiel dafür wäre das Posten von Parteiwerbung in lokalen Facebook-Gruppen, da dies oft als unpassend betrachtet und durch die Reizüberflutung an Werbung als unangenehm wahrgenommen wird. Politiker sollten es also unterlassen, proaktiv Posts mit Kandidatenbildern oder gar als Antwort in einer Gruppendiskussion zu posten. Social-Media-Kommunikation zeichnet sich sehr stark durch Authentizität aus. Aufgesetztes „Politiker-Sprech" („Wir als Partei XYZ fordern…") wird von Usern als werbliche und austauschbare Politsprache identifiziert und bietet keinen Mehrwert. Zielführender ist es, als Mitbürger und nicht in erster Linie als Parteipolitiker an den Diskussionen teilzunehmen und eigene Standpunkte darzulegen. Es geht im Kommunalen sehr viel stärker um Sachpolitik und die praktischen Auswirkungen von Entscheidungen auf die Bürgerschaft. Daher ist eine unaufgeregte, sachliche, aber zugleich empathische Kommunikation mit Usern notwendig. Kommunalpolitiker müssen die Argumente anderer User ernstnehmen und mit Mitgefühl und Verständnis reagieren. Sie sollten eigene Argumente und Ansichten wahrhaftig, also ohne offensichtliche strategische Intentionen, im Social Web kommunizieren, auf Einwürfe seitens der User reagieren und gegebenenfalls konträre Ansichten der Bürgerschaft mit ihren Parteifreunden besprechen. Daraus erfolgt nicht selten eine Änderung der Parteistandpunkte, da starre Positionen in modernen Gesellschaften, die sich durch einen starken öffentlichen Austausch kennzeichnen, nicht langfristig haltbar sind. Kommunikativer Gegenwind ist keine unangenehme „Begleiterscheinung" der Digitalisierung, sondern ein

Wesensmerkmal sozialer Medien. Man kann Kommunalpolitikern also nur raten, gegensätzliche Meinungen oder Bedenken ernst zu nehmen und adäquat darauf zu reagieren. Dies bedeutet nicht, dass politische Standpunkte grundsätzlich geändert werden sollten, falls im Social Web gegensätzliche Meinungen auftauchen. In allen Fällen sollten Kommunalpolitiker im Web aber für sachlich vorgetragene Meinungen von Usern Verständnis aufzeigen und gegebenenfalls ihre eigenen Standpunkte und Entscheidungen ebenso sachlich und empathisch erläutern.

▶ Es kann nicht oft genug betont werden, dass politische Inhalte für das Social Web in erster Linie auf die Relevanz für die Bürger ausgerichtet werden sollten.

Nur was Bürger wirklich interessiert stößt Reaktionen durch sie an, die wiederum als Grundlage für weiteren Dialog dienen können. Eine weitere Möglichkeit mit Bürgern in den Dialog zu treten ist es also, eigene Kommunikationsangebote auf Social-Media-Plattformen zu offerieren. Hierbei ist darauf zu achten, nicht zu technokratisch-fachlich zu kommunizieren, also nicht zu viel Detailinformationen zu veröffentlichen, die womöglich von Bürgern nicht auf Anhieb verstanden werden können. Normale Bürger sind im (kommunal-)politischen Tagesgeschäft nicht involviert, möchten aber i. d. R. dennoch mitreden, insbesondere wenn es um Richtungsentscheidungen geht: Der Bau eines neuen Verwaltungsgebäudes, die Erweiterung des kommunalen Bades oder eine Straßensanierung. Es müssen nicht zwangsläufig hochpolitische Themen sein, mit denen man den Dialog initiieren kann. In einem nachfolgenden Kapitel werden Möglichkeiten des sogenannten Content Marketings aufgezeigt, mit dem man mit unterhaltenden oder informativen Inhalten Reaktionen erzeugen kann. Zunächst wird jedoch ein exemplarischer Fall skizziert, wie man Social-Media-Dialog anstoßen kann.

4.3.2 Beispiel für dialogische Online-Kommunikation

Als Beispiel für den Anstoß eines Bürgerdialogs wird bereits an dieser Stelle ein Fall skizziert, der niedrigschwellig angelegt ist und User-Engagement hervorruft: Wir nehmen das Beispiel einer Kleinstadt an, die durch ein reges Vereinsleben gekennzeichnet ist. Zudem identifizieren sich viele Einwohner mit ihrer Heimatstadt und dem gesellschaftlichen Leben vor Ort. Die Problemstellung ist, dass es wenig gastronomische Einrichtungen gibt. Im Laufe der Jahre wurde die

Gastronomieszene immer kleiner und dies wird von vielen Bürgern, insbesondere Jungwählern als Defizit wahrgenommen. Es wird außerdem angenommen, dass eine aktive Facebook-Gruppe besteht, die lokale Themen aus der Stadt zum Thema hat. Der Protagonist des Planspiels ist ein junger Kandidat zur Stadtratswahl, der insbesondere das Freizeitangebot verbessern möchte. Als Dialoganreiz könnte dieser Kommunalpolitiker eine eigene Karte bei Google Maps erstellen, in der er bereits geschlossene Lokalitäten aus der Stadtgeschichte markiert und mit Notizen versieht, z. B. das Jahr der Eröffnung bzw. Schließung. Dieser kostenfreie Service von Google heißt „My Maps" (https://www.google.de/intl/de/maps/about/mymaps/) und ist sehr einfach zu handhaben. Auf diesen eigenen Karten können User Orte markieren und mit Informationen versehen. Die erstellte Karte kann der Jungpolitiker nun teilen, beispielsweise in der skizzierten aktiven Facebook-Gruppe. Der Post muss mit einem Call-to-Action-Element verbunden sein. Darunter versteht man die aktive Aufforderung, dass andere User auf den Beitrag reagieren sollen. Dies kann z. B. durch Umfragen, Share-Aufforderungen oder direkte Fragen erfolgen. Im skizzierten Beispiel könnte der Politiker z. B. eine Aufforderung einfügen, weitere geschlossene Lokale in der Karte einzutragen. Es wird in diesem Fall mit hoher Wahrscheinlichkeit eine lebendige Diskussion entstehen, in der jeder User sein Wissen über die Lokalhistorie einbringen und über vergangene Erlebnisse berichten kann. **Inhalte wie diese regen deshalb zum Dialog** an, da fast jeder Erinnerungen an öffentliche Orte des gesellschaftlichen Lebens, wie beispielsweise Gaststätten oder Discotheken, hat und insbesondere in kleinen Kommunen meist ein relativ enges soziales Netzwerk über die verschiedenen Alterskohorten besteht. Jüngere und ältere User bringen ihr individuelles Wissen und ihre Erlebnisse ein. Das „Gastronomiesterben" wird damit zum generationenübergreifenden Thema, in dem sich jeder User mit Informationen engagieren kann. Nach einiger Zeit kann der Kommunalpolitiker, der die Karte initiiert hat, auf mögliche Problemlösungen zu sprechen kommen und Fragen stellen: Was wünschen sich die Bürger an Gastronomie? Haben User eine Idee, wie man mehr Kneipen in die Stadt bringt? Es ist wichtig, hier nicht zu aggressiv gegen etwaige Verantwortliche zu argumentieren, sondern einen konstruktiven Dialog zu pflegen, um die Bindung zu den Usern zu intensivieren. Der Kommunalpolitiker wird im besten Fall als Experte für die lokale Wirtschaftsförderung und eine lebendige Innenstadt wahrgenommen. Entscheidend ist, dass ein Thema besetzt und weiterbearbeitet wird. Dadurch kann der Lokalpolitiker Vorteile bei der nächsten Wahl erlangen.

4.3.3   Weitere Instrumente der dialogischen Kommunikation

Neben Facebook können Kommunalpolitiker auch **WhatsApp für digitalen Bürgerdialog** nutzen. Zwar gibt es rechtliche Auflagen aufgrund des Datenschutzes, jedoch ermöglicht die App eine sehr unkomplizierte Kontaktaufnahme und Kommunikation mit Bürgern. In der Praxis können Kommunalpolitiker digitale Bürgersprechstunden zu festen Terminen oder jederzeit per WhatsApp-Chat oder -Video anbieten. Vorteile dieser Art des Bürgerdialogs sind die niedrigen Zugangshürden in das Gespräch und eine direktere Ebene der Kommunikation, da man sich mit dem Politiker selbst austauschen kann. Es können damit außerdem Mängel oder Probleme durch Bürger aufgezeigt werden, die ansonsten nicht bekannt werden würden, da klassische (Ortsteil-)Versammlungen meist dürftig besucht sind (Kommunal.de 2019). Wichtig ist, die geltenden Datenschutzgesetze, insbesondere seit der Einführung der Datenschutzgrundverordnung (DSGVO), zu beachten. Landesdatenschutzbeauftragte stellen fest, dass WhatsApp im Bürgerdialog genutzt werden darf. Am Beispiel des Oberbürgermeisters von Goslar, Oliver Junk, sei hier auf die wesentlichen rechtlichen Bestimmungen hingewiesen (Erhardt 2020): Kommunalpolitiker sollen nur eigene Smartphones für den WhatsApp-Dialog benutzen, auf dem keinerlei Kontakte eingespeichert sind. Dies bedeutet nämlich, dass WhatsApp keinen Mehrwert durch gespeicherte Daten erlangen kann. Wichtig für kommunale Wahlbeamte ist, dass das Mobiltelefon nicht in das System der Kommunalverwaltung eingebunden ist, weder per Schnittstelle, noch per Cloud-Verbindung oder durch die im App-Store verwendete E-Mail-Adresse. Chatverläufe sollten zudem nach der Sprechstunde gelöscht werden. Die oberste Regel lautet, dass das Telefon, das für WhatsApp-Kontakte mit Bürgern genutzt wird, nicht mit der Behörde in Verbindung steht. Alternativ bietet sich die Nutzung anderer Messenger-Dienste wie Threema an, das als DSGVO-gerecht gilt. Der Nachteil ist, dass nur wenig Menschen andere Anbieter als WhatsApp nutzen (Erhardt 2020).

Selbstverständlich besteht auch die Möglichkeit, **mit anderen Messengern mit Bürgern in Kontakt** zu treten. Am weitesten verbreitet ist der Facebook-Messenger. Eine eigene Facebook-Seite eines Kommunalpolitikers beinhaltet die Messenger-Funktion, mit der Bürger mit dem Politiker in Kontakt treten können.

Facebook bietet außerdem die „Live"-Funktion an, die ebenfalls für den digitalen Bürgerdialog genutzt werden kann. Die Funktion ermöglicht die Live-Übertragung eines Videos, das von den Zusehern kommentiert bzw. mit Emoticons versehen werden kann. Ein Live-Video kann sich daher gut für eine Diskussionsrunde mit dem Kommunalpolitiker eignen, jedoch sollte es vorher gut beworben werden, da eine leere Kommentarspalte symbolischen Schaden anrichten kann. Zu beachten ist außerdem, dass auf eine sehr gute Internetverbindung geachtet wird und die Bild- und Tonqualität hochklassig ist.

Auch **Instagram bietet dialogische Elemente,** insbesondere in den Stories. Die einfachste Form sind offene Fragen, die mit einem Fragen-Sticker aktiviert werden. Enthält eine Story einen solchen Sticker, so können die User dem Kommunalpolitiker Fragen stellen bzw. Feedback mitteilen. Es ist dabei nicht notwendig, die Antworten online zu stellen. Instagram bietet außerdem die Möglichkeit, **Abstimmungen online zu stellen.** Dies kann spielerisch geschehen, etwa bei der privaten Frage, was man im Lokal nun bestellen soll. Umfragen können aber von Kommunalpolitikern auch genutzt werden, um ein schnelles Stimmungsbild über ein Thema zu erhalten. Hier ist jedoch wegen der fehlenden Repräsentativität Vorsicht geboten: Nicht jeder ist Instagram-Mitglied und nicht jeder Instagram-User hat die Möglichkeit, über die Frage abzustimmen, etwa weil er die Story verpasst hat. Wie bei Facebook besteht zudem auch bei Instagram die Möglichkeit **Live-Videos zu streamen,** in denen andere User dann kommentieren können.

4.4   Content Marketing und werthaltige Inhalte für User

Jeder kennt Werbung als Marketinginstrument, das eine möglichst große Zahl an Menschen erreichen soll. Durch das Aufkommen von Web-2.0-Plattformen kann jedoch prinzipiell jeder zum eigenen Verleger werden und eigene Inhalte öffentlich präsentieren. Insbesondere das Content Marketing, eine speziellere Form des Marketings, ist für die Social-Media-Kommunikation von Kommunalpolitikern von hohem Interesse.

4.4.1   Grundlagen des Content Marketing

In Anlehnung an Kreutzers Definition von Content Marketing (2012) zeichnet sich politisches Content Marketing dadurch aus, dass politische Akteure, meist Parteien oder Politiker, eigene Inhalte mit Mehrwert an User aussteuern. Diese **Inhalte sind informativ und/oder unterhaltsam** und haben oft, und im Idealfall, nur einen indirekten Bezug zur kommunizierenden Organisation oder Person.

> Die wichtigste Regel für die Content-Marketing-Planung von Kommunalpolitikern lautet daher: Content Marketing und klassische Werbung, die meist Reklamecharakter hat, sollten nicht miteinander gleichgesetzt werden.

Im kommunalpolitischen Content Marketing geht es vielmehr darum, den Usern spannende oder interessante Geschichten über Social Media zu bieten. Ein Beispiel, die Erstellung einer Google-My-Maps-Karte zum Gastronomiesterben, wurde bereits vorgestellt. Für qualitativ hochwertigen Inhalt (Content) führen Auler und Huberty (2019, S. 25) u. a. folgende Voraussetzungen an:

- **Qualitativ guter Content** löst die Probleme der jeweiligen Zielgruppe und beantwortet Fragen, die User aus der Zielgruppe haben.
- Er hat daher einen **hohen Informationsgehalt.**
- **Guter Content informiert, unterhält** und soll, sofern passend, **emotional** wirken.
- Der Content soll **sauber recherchiert** sein und **Relevanz** aufweisen.
- Er soll **authentisch** sein und auch der **Wahrheit** entsprechen.

Zentral im Content Marketing für Kommunalpolitiker ist der lokale Aspekt: Geschichten, die die lokale Geschichte, regionale Bräuche oder spannende/unterhaltsame Begebenheiten aus der eigenen Kommune betreffen, lösen bei Usern Interesse aus und bieten so die Möglichkeit, sie stärker an sich zu binden. Nicht nur Stories die auf regionale Nähe setzen können dabei eingesetzt werden, auch überregionale Themen können in den meisten Fällen auf die lokale Ebene heruntergebrochen werden. So eignen sich landesweite Gedenk- und Feiertage sowie Jahresjubiläen ebenfalls für eine regionale Kommunikationsstrategie. Entscheidend ist, dass das jeweilige Thema das Interesse von User(-Gruppen) berührt.
Beispiele für überregionale Themen, die regional verarbeitet werden können:

- **Jahrestage,** wie der Sieg der deutschen Fußballnationalmannschaft bei der Weltmeisterschaft 2014, der bei vielen Sportbegeisterten positive Gefühle auslöst. Ein Lokalpolitiker könne an diesem Jahrestag sein persönliches Erlebnis an diesem Finaltag erzählen und die User auffordern, von ihrem Finalabend zu erzählen.
- **Recherchen in den örtlichen Archiven oder in der Lokalzeitung** bringen oftmals Geburtstage interessanter überregional bekannter Persönlichkeiten hervor, die vor Ort gewirkt haben. Die Geschichte von prominenten historischen

Figuren bietet eine sehr gute Möglichkeit, User-Reaktionen hervorzurufen. Manchmal können bedeutende Erfindungen, die landes- oder weltweit bekannt sind, mit der lokalen Ebene verbunden werden, beispielsweise dadurch, weil der Erfinder im Ort geboren wurde oder wichtige Entwicklungsschritte vor Ort stattfanden.

- **Feiertage bzw. bestimmte wiederkehrende Phasen des Jahres** (wie Urlaubs-zeiten) sind geeignet, um passende Geschichten darüber zu erzählen. User sind beispielsweise sehr an den Urlaubszielen anderer Nutzer interessiert, sehen sich gerne ansprechende Urlaubsfotos an und lesen Geschichten über die freien Tage. Auch historische Gedenktage können in den meisten Fällen auf die Ebene des Kommunalen transferiert werden, z. B. mit einem Rückblick, was vor Ort am Tag des Falls der Berliner Mauer oder eines anderen historischen Tags geschah.

Diese drei Punkte sind als Beispiele gedacht und sollen dazu dienen, die eigene Kreativität anzuregen. Grundsätzlich kann Content in verschiedenen Ausprä-gungen auftreten, wie Auler und Huberty (2019) nachfolgend aufzeigen. Für jede Content-Art wurden vom Autor mögliche praktische Ansatzpunkte für Kommunalpolitiker konzipiert (siehe Tab. 4.1):

Im Regelfall beinhalten Social-Media-Inhalte meist mehrere Modi. Schriftlich erzählte Geschichten sind meist mit Bildern illustriert, Infografiken beinhalten wiederum Text und Videos und werden oft mit kurzen Anreißertexten ange-kündigt. Die obigen Beispiele in der Übersichtstabelle sollen aufzeigen, welche Inhalte werthaltig für die Follower sind:

- Inhalte, in denen **Text** dominiert, sind gut geeignet, um Informationen zu vermitteln. Es sollte dabei darauf geachtet werden, die User nicht mit zu viel Text zu überfordern. Informativ wären beispielsweise Anleitungen, die Bürgern helfen bürokratische Angelegenheiten zu regeln. Auch kleinere Inter-views mit regional bekannten Persönlichkeiten können das Interesse von Usern wecken. Existiert größeres technisches Know How, so könnten Kommunalpo-litiker auch Wikis einrichten, in denen lokale Ereignisse und berühmte Orte, Gebäude oder Persönlichkeiten dargestellt sind. Beliebt in den sozialen Medien sind außerdem Umfragen und Fragespiele, die lokale und regionale Themen thematisieren.
- **Bildliche** bzw. **grafische** Darstellungen übermitteln Informationen sehr schnell. Ein beliebtes Social-Media-Format sind Infografiken, die einen Sach-verhalt anschaulich mit Daten visualisieren. Kommunalpolitiker können solche Grafiken nutzen, um zahlreiche relevante politische und unpolitische Themen

Tab. 4.1 Content-Arten und Umsetzungen in der kommunalpolitischen Social-Media-Arbeit. (Eigene Darstellung mit Erweiterung auf Basis von Auler und Huberty (2019, S. 27))

Content-Arten	Umsetzungen
Text	• Anleitungen (z. B. zur Antragsstellung im Rathaus) • Interviews (mit eigener Person bzw. anderen Politikern oder lokalen Größen aus anderen Bereichen, z. B. Sport) • E-Mail-Newsletter über politische Tätigkeit • Umfragen/Abstimmungen (über politische Fragestellungen oder alltägliche Dinge) • Frage- und Antwortrunde über lokale Themen • Quiz zur eigenen Gemeinde
Bild/Grafik	• Infografiken zu kommunalpolitischen Themen • Fotos (eigene Person in außergewöhnlichen Situationen, Lokales, Regionales)
Video	• Video-Blogs (regelmäßige kurze Videosendungen, in denen relevante Inhalte besprochen werden) • Webinare/Online-Seminare (z. B. als Anleitung für Bauanträge oder ähnliche Verwaltungsakte) • Bürgersprechstunden per Webcam
Audio	• Podcasts (mit lokalpolitischen Inhalten bzw. regionalen Themen, auch nichtpolitischer Natur)

darzustellen: Nach der Verabschiedung des Haushalts könnte man z. B. die Verteilung des Budgets in einem Diagramm darstellen. Auch andere Themen, wie Einwohnerentwicklung oder der Verlauf der Gewerbesteuer über die Jahre sind für kurze Infografiken sehr gut geeignet. Bei fotografischem Content ist eine Regel zentral: Die Fotos müssen hochwertig sein. Das bedeutet, dass einerseits eine sehr gute Ausstattung und andererseits fotografische (Grund-)Kenntnisse über Lichtverhältnisse, Perspektiven und Bearbeitungsmöglichkeiten vorhanden sein müssen.

• Beim Thema **Video** gelten dieselben Grundregeln wie bei den Fotos. Gute Videos lassen sich jedoch auch ohne teure Ausstattung mit den neuesten Smartphones und Schnittprogrammen bewerkstelligen. Es gilt jedoch auch hier, selbstkritisch zu sein und das Endprodukt ggf. Freunden zur Bewertung zu zeigen, bevor der Content online gestellt wird. Videos erreichen meist höhere Engagement-Zahlen als reine Bilder oder Texte. Inhaltlich gibt es viele Möglichkeiten für Kommunalpolitiker, z. B. kurze Statements nach einer Sitzung oder kurze Berichte von einer Ortsbegehung. Auch regelmäßige Video-Blogs (kurze Video-Sendungen) können in die Kommunikationsarbeit eingebaut werden, sofern die Videos und der Ton eine gute Qualität haben und das Format regelmäßig erscheint. Online-Seminare zu relevanten Themen, z. B. zur Bauantragsstellung, sind Formate, die bei komplexen Fragestellungen sicherlich gut von Bürgern angenommen werden. Neben den erwähnten Messenger-Lösungen können Politiker Video-Sitzungen mit Bürgern anbieten und ihre Anliegen besprechen.

- Auch bei reinen **Audio-Formaten** gilt, dass eine hohe Qualität notwendig ist. Gute Mikrofone für den Computer oder das Smartphone, die die Tonqualität massiv verbessern, sind bereits für unter 100 € erhältlich. Das klassische Audio-Format im Content Marketing sind Podcasts, also Online-Sendungen, die sich um ein bestimmtes Thema drehen. Podcasts über kommunalpolitische Themen können dabei helfen, dass Kommunalpolitiker im Social Web neue Kontakte knüpfen können und bestehende Follower weiter an sich binden.

Geschichten finden Kommunalpolitiker genug in ihrer Umgebung, daher sollte man neue Einfälle grundsätzlich notieren und, sofern passend, in den sogenannten Social-Media-Plan einfügen.

4.4.2   Social-Media-Plan für Kommunalpolitiker

Der Social-Media-Plan ist als **Redaktionsplan** für die benutzten Social-Media-Auftritte von Politikern zu verstehen. Im besten Fall entwickelt man Content nicht ad hoc und stellt ihn online, sondern man überlegt sich einen langfristigen Plan. Ein Social-Media-Plan hat zudem den wesentlichen Vorteil, dass man die **Inhalte ordnen kann und damit einen guten Überblick** erhält. Zudem können **wiederkehrende Jahrestage und Termine jedes Jahr** in den Plan übernommen werden, was eine erneute Recherchearbeit verhindert. Der Social-Media-Plan für Kommunalpolitiker beantwortet die wesentlichen Fragen einer Content-Strategie:

- **Wann** stellt man etwas online? (Kalendarium)
- **Welche fixen Jahrestage** oder Phasen gibt es im Jahr? (Gedenktage, Jubiläen, Geburtstage, Ferienzeiten, Feiertage usw.)
- **Welches Thema** postet man? (Auch Frage nach Medienverwendung, also welche Fotos, Texte, Videos usw. werden verwendet)
- **Welche Kanäle** werden bespielt? (Facebook, Instagram, Blog etc.)
- **Wie ist der Status** des Posts? (Offen, fertig, in Bearbeitung oder Freigabe durch andere Personen nötig)

Idealerweise benutzen Kommunalpolitiker eine tabellarische Übersicht, um über für das ganze Jahr feste Themen zu planen. Es gibt im Internet zahlreiche kostenlose Vorlagen für das aktuelle Jahr, etwa von t3n.de, der Online-Plattform des gleichnamigen Digital-Magazins (Erichsen 2020; siehe Tab. 4.2).

Die obige Tabelle zeigt die wesentlichen Kernelemente eines Social-Media-Redaktionsplans auf. Kommunalpolitiker sollten sich **ausreichend Zeit nehmen,** um einen längeren Zeitraum im Social-Media-Plan vorzuplanen und vor allem auf die bereits genannten lokalen und regionalen Ereignisse und Jahrestage eingehen: Dies können lokale Feste, Gedenktage, Traditionsveranstaltungen, Jubiläen, aber auch bevorstehende Wahltage sein. Konkrete Beispiele für wiederkehrende Tage im Social-Media-Plan für die Stadt München wären z. B.:

- Oktoberfest
- Bundesligastart
- Wahl zum Oberbürgermeister
- Gründung der Ludwig-Maximilians-Universität u.v.m.

Doch auch nicht- bzw. selten wiederkehrende Ereignisse sollten in den Social-Media-Redaktionsplan eingefügt werden, z. B.:

- 125 Jahre Freiwillige Feuerwehr
- 90. Geburtstag der Alt-Bürgermeisterin
- Aktionstag zur Müllvermeidung

Es lohnt sich, gemeinsam im Team nach bedeutenden Jahrestagen für die Region oder den Ort zu suchen und darüber zu diskutieren, welche Inhalte man posten kann. Der regelmäßige Aufbau eines Social-Media-Plans lohnt sich also, da er zur Übersicht beiträgt und gleichzeitig diszipliniert, regelmäßig Inhalte zu posten.

4.5   Bezahlte Werbung in Social Media

Online-Kanäle können Defizite der klassischen Politwerbung verringern bzw. Zielgruppen erschließen, die bisher nicht erreicht werden können. Mithilfe des sogenannten Targetings können Inhalte auf Basis bestimmter Faktoren, wie Alter und Geschlecht, zielgerichtet ausgesteuert werden (BVDW 2014). Targeting bzw. Micro-Targeting, das auf Kleingruppen bzw. Einzelpersonen abzielt, wird in modernen Wahlkampagnen, insbesondere in den USA, regelmäßig eingesetzt (Kruschinski und Haller 2018). Politiker, die bezahlte Werbung auf Social

Tab. 4.2 Beispiel für einen Social-Media-Redaktionsplan in der Kommunalpolitik. (Eigene Darstellung auf Basis von Erichsen 2020)

Datum	Tag	Jahrestag	Thema	Foto/Video	Deadline	Facebook	Instagram	Weitere Kanäle (z. B. Twitter, Blog, TikTok)	Status (Offen, Erledigt, In Bearbeitung)
05.03	Do	Energiespar-Tag	Energiesparen in unserer Gemeinde/Photovoltaik auf Rathausdach	Video von Bau, Fotos von Anlage	03.03	Ja, mit Kurztext	Ja, mit Hashtags #energiesparen #nachhaltigkeit	Etwas längerer Blogbeitrag mit Fotos und Statistiken	Erledigt
06.03	Fr								
07.03	Sa								
08.03	So								
09.03	Mo								
…									
16.11	Mo	Internationaler Tag für Toleranz	Neu gegründetes Bündnis gegen Ausgrenzung	Fotos von Bündnis gegen Ausgrenzung	12.11	Ja, mit Kurztext und Verlinkung der Vorstände	Ja, mit Verlinkung der Vorstände und zu Bündnis in Nachbargemeinde	---	Offen
17.11	Di	Rückblick auf Aktionstag für Toleranz	Rückblickender Beitrag	Fotos von Mahnwache	16.11. Nach Mahnwache	Ja	Ja, ein Foto	Blogbeitrag mit Statement	Offen
…									

Network Sites nutzen, können damit gezielt User unter Berücksichtigung geltender Datenschutzbestimmungen ansprechen (Kruschinski und Haller 2017). Im Gegensatz zu klassischer Werbung, beispielsweise Zeitungsanzeigen, bietet Online-Targeting Vorteile:

- **Effektivität:** Bezahlte Beiträge erreichen vorrangig genau die Zielgruppen, die vorab definiert wurden. Ein Streuverlust kann dadurch verhindert werden.
- **Effizienz:** Dadurch, dass bezahlte Beiträge nur an bewusst ausgewählte Zielpersonen ausgesteuert werden, wird das Werbebudget von Kommunalpolitikern effizienter eingesetzt.
- **Direkte Kommunikation:** Im Gegensatz zu Offline-Anzeigen, bei der die Aussteuerung länger dauern kann, können bezahlte Anzeigen und Posts in Social Media umgehend geschaltet werden.
- **Einfachheit:** Bei Printanzeigen oder TV- und Radiospots benötigen Kommunalpolitiker technisches Know How, das in der Regel durch die Rundfunksender oder Agenturen kostenpflichtig bereitgestellt wird. Social Network Sites bieten hingegen einfach gestaltete Oberflächen an, die von jedem User benutzt werden können.
- **Authentizität:** Gesponsorte Posts haben annähernd das gleiche Erscheinungsbild wie reguläre Posts. User nehmen sie daher weniger stark als Werbung wahr.

Bezahlte Werbung ist auf allen führenden Social Network Sites möglich und ist zentral für das Geschäftsmodell der Plattformen. Seitens der Rezipienten ist Social-Media-Werbung zwar relativ unbeliebt, jedoch sagen 23 % der Jugendlichen zwischen 14 und 18 Jahren, dass sie Werbung ansehen, wenn sie die Inhalte interessieren (Elbdudler 2018, S. 11).

Um auf Facebook bezahlte Beiträge oder Anzeigen posten zu können, ist die Einrichtung einer offiziellen (Fan-)Page durch Kommunalpolitiker notwendig. Auf der Seite gibt es zwei unterschiedliche Arten der Werbung, die je nach Zielsetzung ausgewählt werden können: Beworbene Beiträge sind Posts, die in der Chronik einer Seite sichtbar sind. Sie erhöhen „Like"-Zahlen der jeweiligen Seite, führen zu mehr Kommentaren und optimieren die Share-Zahlen (Facebook 2021a). Der zweite Typ Werbung sind Facebook-Werbeanzeigen, die u. a. dazu genutzt werden können, um mehr Klicks auf die eigene Partei-Website zu lenken. Werbeanzeigen können unterschiedlich in Facebook platziert werden. Sie können u. a. seitlich im News Feed oder im Facebook Messenger ausgesendet werden. Zusätzlich kann man Werbeposts auch im Facebook-Audience-Network ausspielen, d. h. die Werbeinhalte erscheinen auf weiteren Websites oder Apps und nicht nur auf Facebook (Facebook, 2021b). Ein großer Vorteil von bezahlter Werbung ist die Kostenkontrolle: Kommunalpolitiker können ein Maximalbudget festlegen, das nicht überschritten werden darf. Damit können Werbeaussendungen sehr gut kalkuliert werden, was insbesondere in der Wahlkampfbudgetierung von Vorteil ist.

Auch auf Instagram können Politiker Werbung schalten. Wie bei Facebook gibt es auch auf Instagram unterschiedliche Formate: Stories Ads, die zwischen Stories von Usern angezeigt werden, Photo Ads, die als normale Instagram-Posts auftauchen, Video Ads, die als Bewegtbild angezeigt werden, Carousel Ads, die mehrere Fotos oder Videos anzeigen und Collection Ads, die als Collage erscheinen. Daneben gibt es die Möglichkeit, in der Such- und Vorschlagsfunktion (Instagram Explore, aktivierbar durch das Lupen-Symbol) Werbungen zu schalten, sodass User beim Erkunden mit den Inhalten konfrontiert werden (Instagram 2021).

Es ist sehr ratsam, sich sehr genau mit den unterschiedlichen Werbeformaten der großen Social-Media-Plattformen auseinanderzusetzen. Im Idealfall können Sponsored Ads in einer Wahlkampagne massiv Kosten einsparen bei besserer Zielgenauigkeit.

Nützliche Tools für die kommunalpolitische Social-Media-Kommunikation

5

Was Sie in diesem Kapitel finden können

- Eine Auswahl praktischer Software zur Unterstützung von Social-Media-Aktivitäten in der Kommunalpolitik
- Praktische Beispiele dafür, wie man diese Tools einsetzt

Im vorherigen Kapitel wurde ein Überblick über konkrete Einsatzmöglichkeiten von Social Media in der Kommunalpolitik gegeben. Im Folgenden werden nützliche Tools vorgestellt, mithilfe derer man kommunalpolitische Social-Media-Kommunikation praktisch umsetzen kann.

5.1 Instrumente zur Koordination von lokalpolitischen Organisationen

Neben WhatsApp existieren natürlich weitere Messenger, die man für einfache Koordinierungsaufgaben nutzen kann, z. B. Telegram oder Signal. Für komplexere Koordinationsaufgaben, z. B. bei größeren Teams, bietet sich die App Slack an. Nach der Anmeldung wird ein sogenannter Workspace eingerichtet, der als Plattform für die jeweilige Organisation dient. Neben dem Workspace können weitere Channels eingerichtet werden (Cengiz 2019). Die Mitglieder haben die Möglichkeit in den einzelnen Channels zu interagieren. So könnte eine Partei vor Ort beispielsweise unterschiedliche Channels für verschiedene Zwecke einrichten: Allgemein, Organisation der Jahreshauptversammlung, Jugendorganisation

© Der/die Autor(en), exklusiv lizenziert durch Springer Fachmedien Wiesbaden GmbH, ein Teil von Springer Nature 2021
A. Haller, *Social Media für Kommunalpolitiker*, essentials,
https://doi.org/10.1007/978-3-658-33630-1_5

u.v.m. In Wahlkampfzeiten wäre ein gesonderter Workspace mit den jeweiligen Sub-Teams sinnvoll, damit die Übersichtlichkeit bestehen bleibt: Leitung, PR-Team, Plakatierteam, Spendenbeauftragte und andere. Eine Besonderheit von Slack ist, dass zahlreiche andere Apps integriert werden können: Die Einbindung des Google-Kalenders macht es möglich, dass Teams ihre Termine abstimmen können (Cengiz 2019). Weitere kompatible Apps, die durch kommunale Parteien genutzt werden sind (u. a.) Dropbox, MS Teams, Google Drive und der Outlook-Kalender (Slack 2021).

Ein weiteres interessantes digitales Instrument zur Organisation von gemeinsamen Parteiprojekten ist die Online-Applikation Padlet (Padlet 2021). Padlet ist eine Art digitaler Pinnwand, die von mehreren Usern gestaltet werden kann. Grundsätzlich eignet sich die Plattform zur Sammlung von Ideen oder Arbeitsschritten. Man kann auf dieser Online-Pinnwand z. B. Wahlkampfteams einteilen, Slogan-Ideen sammeln oder weiterführende Links platzieren. Padlet könnte zudem als digitaler Speicher von organisationalen Abläufen genutzt werden, auf den jedes Partei- oder Vorstandsmitglied zugreifen kann und sich über standardisierte Abläufe und Zuständigkeiten informieren kann.

Kommunale politische Teams sollten sich Apps zur Koordination ansehen und entscheiden, ob eine Nutzung im jeweiligen Fall Sinn macht.

5.2   Blogs in der Lokalpolitik

Blogs wurden bereits als Instrument der Präsentation und des Dialogs im Social Web vorgestellt. Mittlerweile gibt es zahlreiche Anbieter, die die Erstellung und Pflege eines eigenen Blogs ermöglichen. Diesen Service bezeichnet man als Content Management System (CMS), d. h. der User nutzt ein sogenanntes Frontend, eine grafische Benutzeroberfläche, mit dem er Inhalte online und sein Blog im Aufbau verändern kann. Das weltweit führende CMS ist WordPress mit einem Marktanteil von 63,9 % im Dezember 2020 (W3Techs 2020). Weitere CMS sind Shopify (5,1 % Marktanteil), Joomla (3,6 %), Drupal (2,5 %) oder Wix (2,5 %) (W3Techs 2020). WordPress ist also das bekannteste und beliebteste CMS weltweit, daher wird hier eine kurze Einführung in das Blog-System gegeben. Zunächst gilt es zu beachten, dass es zwei Versionen von WordPress gibt, wordpress.org und wordpress.com. Wordpress.org ist für fortgeschrittene User geeignet, da hierzu eine eigene Domain sowie ein gewisses technisches Wissen nötig sind. Die anfängerfreundliche Variante wordpress.com bietet dagegen einen schnellen Einstieg und eine übersichtliche und webbasierte Benutzeroberfläche im Browser. Zu Beginn muss sich der User auf wordpress.com registrieren und dabei auswählen, dass man ein Blog einrichten möchte. Auch ein Name für die Seite und eine Domain müssen angegeben werden. In der kostenlosen Version von wordpress.com erhält man Vorschläge für die Domain, in denen aber stets sichtbar ist, dass es sich um eine wordpress.com-Seite handelt. Nach dem Login gelangt man zum Dashboard, dem Frontend des CSM, mit dem man Unterseiten erstellen und Blog-Beiträge hochladen kann. Weitere Funktionen von WordPress sind das Hochladen von Medien, die Verwaltung der Beiträge über das Dashboard, eine Auswahl unterschiedlicher Schriftarten und die Durchsicht von Kommentaren. Es besteht außerdem die Möglichkeit, Themes, also grafische Vorlagen, und Plugins freizuschalten. Ein wesentlicher Vorteil der wordpress.com-Version ist, dass sich die User nicht um technische Wartungen oder Datensicherheit kümmern müssen (Brandl 2020; Specht 2021).

Blogs können für Kommunalpolitiker, die gerne und regelmäßig Inhalte erstellen, eine sehr gute Plattform darstellen, um Informationen und eigene Standpunkte zu veröffentlichen und mit anderen Bürgern in Dialog zu treten. Entscheidend ist u. a., wie bei anderen Social-Media-Kanälen, dass Blogs regelmäßig betrieben werden. Es ist insbesondere zu vermeiden, Blogs erst kurz vor Wahlen online zu stellen, User bis zum Wahltag mit Inhalten zu überhäufen und nach der Kommunalwahl nicht mehr mit Inhalten zu befüllen. Wichtig sind zudem wertige Inhalte, die User aus sachlichen (z. B. aktuelle Informationen aus dem Kreistag) oder emotionalen Beweggründen (z. B. ansprechende Fotos aus dem Dorf oder ein individueller Erlebnisbericht mit Bildern vom letzten Stadtfest) ansprechen. Im folgenden Kapitel werden nützliche Seiten gezeigt, mit denen man Inhalte auch optisch anspruchsvoll gestalten kann, um das Interesse der Bürger zu wecken.

5.3   Hilfsmittel für die Bildgestaltung in Social Media

Symbolbilder, z. B. ein Bild einer Rose als Symbol für den Valentinstag, werden sehr häufig verwendet, um den Text eines Posts visuell ansprechend zu begleiten. Ein Hauptproblem kommunalpolitischer Social-Media-Arbeit ist, dass wenig oder qualitativ nicht sehr ansprechendes Bildmaterial vorhanden ist. Um den Mangel an guten Fotos zu beheben, bietet sich der Besuch auf sogenannten Stockfoto-Plattform an, auf denen hochwertige Bilder zu fast allen Themengebieten zur eigenen Nutzung, z. B. auf einem Blog, angeboten werden. Kopierte Fotos aus anderen Websites sind illegal, daher sollte man auf die rechtlichen Hintergründe eines Fotos achten. Um sicherzugehen, dass keine fremden Urheberrechte verletzt werden, lohnt ein Blick auf die Website der Creative-Commons-Organisation, die Bildrechte in unterschiedlichen Abstufungen auflistet (Creative Commons 2020).

Die Non-Profit-Organisation betreibt außerdem eine Suchmaschine, mit der man Bilder zu bestimmten Themen suchen kann (Search Creative Commons 2020). Bei der Trefferausgabe sieht man anschließend auch Informationen zu den Bildrechten. Diese können variieren, etwa dass man ein Bild bearbeiten darf, aber nur mit Angabe des Bildurhebers. Neben dieser Seite gibt es noch weitere private Stockfoto-Plattformen. Die wohl bekannteste kostenlose Seite ist pexels.com (Pexels 2021), die unzählige Bilder zu vielen Themen anbietet. Der Vorteil von Pexels ist, dass alle Fotos bearbeitet werden können und eine Namensnennung des Bildautors nicht zwangsläufig erforderlich, jedoch erwünscht, ist. Eine weitere Stockfoto-Seite ist Pixabay, die laut eigenen Angaben über 1,8 Mio. Bilder beinhaltet. Fotos von Pixabay dürfen, wie bei Pexels, auch für kommerzielle Zwecke benutzt und bearbeitet werden (Pixabay 2021).

Hat man gute Bilder für Social-Media-Posts gefunden stellt sich die Frage, wie man sie bearbeitet, also ob man beispielsweise ein eigenes Statement als Zitat einfügt. Die Plattform Canva (Canva 2021) ist für Einsteiger sehr gut geeignet und bietet zahlreiche Möglichkeiten zum Design von Social-Media-Inhalten an. Nach der Registrierung gibt es auf der Startseite einen eigenen Reiter zum Thema soziale Medien. Hier kann man auswählen, welche Art von Social-Media-Inhalt man designen möchte, z. B. Instagram-Beitrag, Instagram-Story, Facebook-Post, Facebook-Cover oder Blog-Inhalte. Klickt man auf einen Inhaltstypus öffnet sich eine Bearbeitungsansicht, in der man Vorlagen benutzen oder auch eigene Fotos hochladen kann. Bei Aktivierung einer Vorlage wird diese großformatig angezeigt und kann durch einen individuellen Text oder mit einem eigenen Foto bearbeitet werden. Der fertige Beitrag kann anschließend als Grafikdatei heruntergeladen und in den eigenen Social-Media-Auftritt integriert werden. Canva ist in der Basisvariante kostenlos, doch es gibt auch zwei kostenpflichtige Versionen, die Vorteile anbieten, wie z. B. mehr Bilder, die Einbindung eigener Designs oder Vorlagen (Canva 2021).

Es ist wichtig, Stockbilder nicht nur als schmückendes Beiwerk zu nutzen, sondern bestenfalls eigene Botschaften mit ihnen zu verbinden oder einzuarbeiten. Symbolbilder zur Weihnachtszeit eignen sich beispielsweise sehr gut, um adventliche Grüße an Bürger auszusenden. Kommunalpolitiker könnten u. a. Fotos von Christbäumen posten, auf denen eine mittels Canva eingefügte individuelle Weihnachtsbotschaft eingearbeitet ist. Die Macht der Bilder darf in Social Media nicht unterschätzt werden: Bilder erzeugen mehr Engagement der User als reine Texte.

5.4 Weitere Tools für die Social-Media-Arbeit

An dieser Stelle sollen weitere nützliche Software-Angebote genannt und erklärt werden. Es ist für Kommunalpolitiker ratsam, regelmäßig den Markt an Tools zu überblicken, um technisch auf dem neuesten Stand zu sein.

Im Buch wurde am Beispiel des Gastronomiesterbens bereits die Möglichkeit der Erstellung individueller Karten durch Google My Maps aufgezeigt. Hier werden nun die technischen Funktionsweisen und weitere Einsatzszenarien von Google My Maps aufgezeigt. Google My Maps ist ein Service, der sich der Grundlagen von Google Maps bedient. Mithilfe von My Maps können User individuell Orte in Google Maps markieren. Benutzer können außerdem Formen in den Karten einzeichnen, Routen erstellen und Symbole und ausgewählte Farbgebungen einfügen. Passend für den Social-Media-Einsatz lassen sich die Karten mit anderen Usern teilen und können in eigene Websites oder Blogs eingebunden werden (Google 2021). Beispielsweise könnte man historische Orte in der Stadt markieren und mit Detailinformationen vorstellen. Diese individuelle historische Karte könnte mit einer Route versehen sein, auf der die Bürger die Geschichte ihrer Stadt erleben können. Auch historische Gemeinde- oder Landkreisgrenzen, insbesondere vor Gebietsreformen, sind für User vor Ort interessant. Politiker könnten dabei zusätzlich Geschichten um die Grenzziehung in ihren Social-Media-Accounts erzählen und die Bürger aufrufen, ihre eigenen Erlebnisse rund um ältere Grenzziehungen zu erzählen. My Maps kann jedoch auch für andere Zwecke genutzt werden: Aktuelle oder geplante Bauvorhaben können in der Karte markiert werden, sodass die Bürger einen Eindruck bekommen, wie eine neue Straße verläuft bzw. wo ein neues Gebäude entsteht. Insbesondere für Bürgerinitiativen für bzw. gegen Bauvorhaben oder andere kommunalpolitische Projekte ist diese Funktion gewinnbringend, weil sie die konkreten Auswirkungen klar visualisiert und helfen kann, Bürger für ihre Belange zu mobilisieren. Ein weiteres Einsatzszenario ist die Markierung von öffentlichen Gebäuden, um Bürgern Service-Dienststellen aufzuzeigen. Besonders sinnvoll ist Google My Maps jedoch in Kommunalwahlkämpfen: Klassische Tür-zu-Tür-Wahlkämpfe erleben in den vergangenen Jahren eine Renaissance (Kruschinski und Haller 2018). Der direkte Kontakt und das unmittelbare Gespräch mit den Bürgern können zu einer höheren Bindung zu den jeweiligen Politikern führen und gerade in der Schlussphase von Wahlkämpfen zu einer erhöhten Mobilisierung führen. Professionelle Kampagnen, insbesondere in den USA, nutzen dabei oft technologische Infrastrukturen, etwa Datenbänke und digitale „Walk Lists", die Wahlkämpfern anzeigen, an welchen Türen sie klingeln sollen. In Europa sind solche elaborierten Formen der Wahlkampfführung insbesondere wegen juristischer

Einschränkungen nicht möglich (Kruschinski und Haller 2017). Dennoch können digitale Hilfsmittel den Haustürwahlkampf im Kommunalen unterstützen. Google My Maps kann etwa dafür eingesetzt werden, einzelne Stadtviertel zu markieren, um den Wahlkämpfern deutlich zu machen, in welchen Gebieten sie Haustürbesuche durchführen sollen. Eine im Wahlkampfteam intern geteilte My-Maps-Karte kann somit als Koordinierungsinstrument dienen und Überschneidungen bzw. Doppelbesuche verhindern.

Der Redaktionsplan wurde als zentrales planerisches Instrument zur strategischen Konzeption eigener Seiten und Accounts bereits beschrieben. In der praktischen Umsetzung kann man entweder eine eigene Vorlage bauen oder auf bestehende Vorlagen zurückgreifen. Agenturen und Marketing-/Kommunikationsportale bieten diese vorgefertigten Redaktionspläne kostenlos an, um Kunden bzw. Leser zu gewinnen. Der Plan von t3n.de wurde bereits angeführt (Erichsen 2020), doch es gibt noch mehr Angebote: Einen äußerst detaillierten Redaktionsplan bietet Marketingblog-Mittelstand an (Marketingblog-Mittelstand 2020). Nahezu jeder Tag im Kalender ist mit dem dazugehörigen Gedenk- oder Jubiläumstag versehen. Die große Zahl an Jahrestagen erleichtert es Kommunalpolitikern, passende Inhalte zu erstellen. Der Plan beinhaltet außerdem einen Reiter „Themenspeicher", in dem man neue Ideen sammeln kann. Im Internet sind zahlreiche weitere Redaktionspläne für Social-Media-Kommunikation zu finden. Eine hilfreiche Übersicht über mögliche Anbieter von kostenlosen Plänen mit ihren Besonderheiten bietet Mattschek (2020).

Die Produktion eines regelmäßig erscheinenden kommunalpolitischen Podcast kann ebenfalls ein Mittel der Kommunikationsarbeit sein. Viele Politiker scheuen jedoch den technischen Aufwand. Dies ist aber unbegründet, da es zahlreiche Tools gibt, die bereits mit Grundkenntnissen benutzt werden können. Das wohl bekannteste Instrument für Podcaster ist die kostenlose Audio-Bearbeitungssoftware Audacity (2020), die für PC-Systeme, Apple-Computer und Linux verfügbar ist. Grundsätzlich ist Audacity eine Software, die Tonaufnahmen und Audiobearbeitungen möglich macht. Podcast-Folgen können also darin aufgezeichnet und nachträglich bearbeitet werden. Ein wesentlicher Vorteil ist, dass man missglückte Passagen herausschneiden und durch neue Aufnahmen ersetzen kann. Die Aufnahme erfolgt dabei im besten Fall über ein externes Mikrofon, da damit die Tonqualität gesteigert wird. Es können zudem bereits bestehende Audiofiles eingefügt werden, etwa vorher aufgenommene O-Töne von anderen Politikern. Um Verzerrungen zu vermeiden, lässt sich das Aufnahmegerät in Audacity vorher einpegeln. Nach der Aufnahme ist eine umfangreiche Bearbeitung der gesamten Tonspur, oder einzelner Stellen, möglich. Zu den Bearbeitungsmöglichkeiten zählen u. a. eine Änderung der Geschwindigkeit,

Rauschentfernung oder das Einfügen von Echo-Effekten. Man kann damit experimentieren, jedoch ist es ratsam, Aufnahmen nicht zu sehr zu verfälschen, da dies unangenehm klingen kann. Audacity bietet für ein Freeware-Tool eine umfangreiche Palette an Bearbeitungsmöglichkeiten an, sodass Podcasts von Kommunalpolitikern sehr professionell wirken.

Best-Practice-Beispiele in der kommunalen Social-Media-Kommunikation

> **Was Sie in diesem Kapitel finden können**
> - Best-Practice-Beispiele gelungener Social-Media-Kommunikation aus der Praxis von (Kommunal-)Politikern
> - Interviews mit Praktikern, die wertvolle Tipps beinhalten

Das Abschlusskapitel dieses Buches zeigt einige sehr gelungene Best-Practice-Beispiele auf, in denen Social Media sehr sinnvoll in der kommunalen politischen Kommunikation genutzt wurden. Generell kann festgehalten werden, dass Social-Media-Auftritten von professionellen Politikern und Landes- sowie Bundeszentralen der Parteien mehr Ressourcen personeller und finanzieller Art zur Verfügung stehen. Dies bedeutet aber nicht, dass Kommunalpolitiker keine ansprechenden und nachhaltigen Social-Media-Accounts aufbauen und betreuen können – die nachfolgenden Beispiele sollen aufzeigen, dass gute Social-Media-Arbeit auch in der Kommunalpolitik funktionieren kann. Interviews mit Kampagnen- und Social-Media-Experten runden das Best-Practice-Kapitel ab und bieten wertvolle Hinweise aus der Praxis.

6.1   Stefan Kuhn, Stadtratswahl 2020 in Bamberg

Das erste Best-Practice-Beispiel ist in der oberfränkischen Weltkulturerbestadt Bamberg verortet. Stefan Kuhn, selbstständiger Rechtsanwalt und bereits Listenkandidat zur bayerischen Landtagswahl 2018, kandidierte 2020 bei der Stadtratswahl. Unter anderem wegen einer strategisch geplanten Facebook-Kampagne gelang es ihm, trotz Verlusten seiner Partei, ein Stadtratsmandat zu erringen.

Die offiziellen Fotos auf der Facebook-Seite sind von einem professionellen Fotografen gemacht worden. Ansprechende Fotos sind ein Qualitätsmerkmal in der Social-Media-Kommunikation, daher sollte an dieser Stelle nicht gespart werden. Das Titelbild, der visuelle Inhalt oberhalb des Profils, zeigt das Panorama von Bamberg und wesentliche Sehenswürdigkeiten und spricht sicher viele Einheimische emotional an. Die Startseite enthält alle wichtigen Informationen wie E-Mail-Adresse, postalische Kontaktadresse seiner Kanzlei und Telefonnummer (Kuhn 2020).

Kuhn postet regelmäßig und das auch in Zeiten, in denen keine Wahl unmittelbar bevorsteht. Auffällig sind zahlreiche Besuche von Einrichtungen bzw. Zusammenkünfte mit anderen Bürgern. Der Claim „Bamberg im Herzen" signalisierte eine enge emotionale Bindung des Kandidaten an seine Heimatstadt. Für seinen Haustürwahlkampf ließ Kuhn den Spruch auf Holzherzen und -sterne von der Lebenshilfe eingravieren. Die Übergabe der Haustür-Präsente wurde schließlich auch in einem Post thematisiert. Thematisch behandelte der Stadtratskandidat viele Themen, aber allesamt mit lokalem Bezug: Religiöse Themen, gastronomische Ereignisse und Begegnungen sowie „harte" lokalpolitische Fragen kamen im Facebook-Wahlkampf zur Bamberger Kommunalwahl 2020 vor. Insbesondere religiöse Themen stachen hervor, hier konnte der Kandidat auch seine ehrenamtliche Arbeit in evangelischen Einrichtungen thematisieren. Kuhn legte viel Wert auf Dialog und stellte oftmals Fragen an die User, beispielsweise bei einer Übersicht über anstehende Weihnachtsmärkte („Habt ihr schon einen Glühwein genossen?"). Sachthemen wurden unter anderem mit einer „Kuhn-Tour durch Bamberger Themen" behandelt. Bei dieser Tour besichtigte er Orte, an denen Handlungsbedarf besteht, beispielsweise den Bamberger Bahnhof. Hier machte er Fotos, stellte seine Vorstellungen zur Neugestaltung der lokalen Infrastruktur vor und diskutierte im Kommentarbereich mit Usern über die Pläne. Kuhn setzt zudem Videos ein, z. B. über das 50-jährige Jubiläum der Städtepartnerschaft mit Rodez. Je näher der Wahltag rückte, desto mehr politische Posts wurden abgesetzt. Im Frühjahr 2020, also kurz vor der Kommunalwahl, wurde ein weiterer Claim hinzugefügt, nämlich „3fürKuhn", was auf die Möglichkeit der Abgabe von drei Stimmen auf einen Kandidaten abzielte. Der Claim wurde in einem passenden Video visualisiert, in dem pro Einstellung drei markante Dinge aus Bamberg gezeigt wurden, u. a. drei lokale Biere. Nach der erfolgreichen Wahl und dem Einzug in den Bamberger Stadtrat veröffentlichte der Politiker einen Dankes-Post mit dem Text „Danke. Bamberg im Herzen, Stefan Kuhn". Zusätzlich zu diesem Bild schrieb er einen persönlichen Text, in dem er sich bei den Wählern bedankt.

Während der der Covid-19-Pandemie postete Stefan Kuhn weiter und fokussierte sich auf die aktuelle Problematik mit Aufrufen, lokal zu kaufen und Lieferservices der örtlichen Gastronomie zu nutzen. Der Stadtrat bestellte selbst bei lokalen Gasthäusern und Restaurants und postete Bilder der Gerichte, wobei er die jeweiligen Lokale verlinkte. Zudem beteiligte er sich an Lebensmittellieferungen, jedoch stets mit dem Hinweis, dass diese Hilfestellung eine Teamaufgabe ist. Später im März 2020 rückte er die Soforthilfen von Land und Stadt in den Mittelpunkt und bot betroffenen Bürgern Hilfe bei der Beantragung an. Neue Informationen wurden in den Wochen danach laufend gepostet, um den Selbstständigen, Familien und betroffenen Arbeitnehmern einen Mehrwert zu bieten.

6.2   Nicolas Lahovnik, Bürgermeisterwahl 2020 in Wunsiedel

Bei der bayerischen Kommunalwahl 2020 errang Nicolas Lahovnik den Bürgermeistersessel in der oberfränkischen Stadt Wunsiedel. Lahovnik nutzte bereits im Wahlkampf Online-Instrumente mit einer hohen Intensität: Auf seiner Website gab/gibt es Links zu den Accounts auf Instagram, Facebook, Twitter, der Business-Plattform LinkedIn und YouTube. Bereits die Website vermittelt eine sehr hohe Qualität bei der digitalen Kommunikation, da ansprechende Bilder und eine klare Struktur vorhanden sind. Einzig zu kritisieren sind die teilweise recht langen Texte, die jedoch stilistisch sehr gut verfasst sind.

Bei den Social-Media-Auftritten fokussiert sich die Vorstellung auf Facebook und YouTube, da LinkedIn und Instagram als private Konten eingestellt sind und daher zum Zeitpunkt des Verfassens dieses Buches nicht einsehbar waren. Twitter wurde ausgenommen, da nur zwei Tweets abgesetzt wurden, was die Schwierigkeit dieses Social-Media-Instruments erneut aufzeigt (Lahovnik 2020a). Der Kern der Social-Media-Kommunikation Lahovniks stellt sicherlich Facebook dar, das regelmäßig genutzt wird und durch variantenreiche Posts auffällt (Lahovnik 2020b). Die offizielle Facebook-Seite wird vom Bürgermeister auch nach dem Kommunalwahlkampf regelmäßig mit Inhalten bestückt. Ein zentrales inhaltliches

Element sind wöchentliche Rückblicke, die am Freitag als Videos veröffentlicht werden. In den ordentlich produzierten Filmen zeigt sich der Kommunalpolitiker in seinem Amtszimmer und spricht über aktuelle Themen. Die einzelnen Themenabschnitte in den Videos werden durch Einblendungen im Bild markiert, was die Übersichtlichkeit und die Struktur verbessert. Inhaltlich werden auf der Facebook-Seite sowohl lokalpolitische Themen als auch nicht-politische Inhalte behandelt, wobei ein Schwerpunkt auf Lokalpolitik liegt. Danksagungen des Stadtoberhaupts und andere Posts, die Bürger in den Mittelpunkt stellen, zeigen, dass es jedoch nicht um Polit-PR geht. Die Konzeption der Seite wirkt sehr überzeugend, insbesondere weil regelmäßig Inhalte eingespielt werden. Auch das freitägliche Wochenrückblicksvideo dient der Bindung von Usern und eröffnet Möglichkeiten des Dialogs.

YouTube wurde im Wahlkampf genutzt, jedoch nicht sehr intensiv (Lahovnik 2020c). Dies liegt mit hoher Wahrscheinlichkeit daran, weil hochwertige Videos sehr zeit- und durchaus auch kostenintensiv sind. Inhaltlich sind die vorhandenen Videos jedoch sehr passend: Eine Podiumsdiskussion im Wahlkampf mit Ausschnitten des damaligen Kandidaten zeigt Interessierten Kernbotschaften. Zwei weitere kurze Redeausschnitte bei einer Parteiveranstaltung geben weitere visuelle Eindrücke von ihm.

Es wird an diesem Beispiel deutlich, dass Facebook der zentrale Kanal für kommunalpolitische Kommunikation ist und Twitter eine eher untergeordnete Plattform ist. YouTube kann als flankierender Kanal genutzt werden, um passende Videos mit Mehrwert, in diesem Fall die Aussagen des Kandidaten bei einer Diskussionsrunde, online zu stellen und darauf zu verlinken.

6.3   Ralph Edelhäußer, Online-Bürgersprechstunden in Roth

6.3.1   Darstellung des Falles

Ralph Edelhäußer, geboren 1973, ist seit März 2011 der 1. Bürgermeister der Stadt Roth. Der studierte Diplom-Betriebswirt (FH) und Bankkaufmann blickt auf eine lange kommunalpolitische Karriere zurück: Seit 2002 war er als Stadtrat in der Kommune tätig, seit 2008 als Kreisrat im Landkreis. Edelhäußer ist ein großer Verfechter der Online-Kommunikation von Kommunalpolitikern, wie er in einem Zeitungsinterview anmerkte: „Gemeinden, Städte und Landkreise, aber auch Kreisrätinnen und Kreisräte sowie Bürgermeisterinnen und Bürgermeister sollten zwingend das Social Web endlich ernst nehmen. Ansonsten erreichen sie einen Teil der Bevölkerung bald überhaupt nicht mehr" (Nordbayern.de 2020).

Neben Edelhäußers Online-Arbeit auf Facebook und Instagram nutzt er die Kanäle auch als Streaming-Plattform für Bürgersprechstunden. Diese digitalen Sprechstunden ersetzen reguläre Sprechzeiten nicht, sondern werden als Ergänzung verstanden, um mehr Bürgern die Möglichkeit zu geben, sich über aktuelle Stadtpolitik zu informieren und Fragen zu stellen. Insbesondere während des Lock Downs und den damit einhergehenden Kontaktbeschränkungen im Frühjahr 2020 erwies sich die Videosprechstunde als äußerst nützlich. Die Online-Bürgersprechstunden werden sehr gut angenommen: Bis zu 3.000 Aufrufe auf Facebook verzeichnen die virtuellen Versammlungen. Bei den Online-Sprechstunden spricht der 1. Bürgermeister zunächst über aktuelle städtische Themen und geht dann auf die Fragen ein, die im begleitenden Chat gestellt werden. Unterstützt wird Edelhäußer dabei von einer Mitarbeiterin, die insbesondere für die Chatmoderation bzw. das Vorstellen der Fragen zuständig ist.

6.3.2   Interview mit Ralph Edelhäußer, 1. Bürgermeister der Stadt Roth

Ralph Edelhäußers Online-Versammlungen waren nicht nur in Corona-Lock-Down-Zeiten ein adäquates Mittel, um Bürger zu informieren. Wie im Best-Practice-Beispiel aufgezeigt, können Social-Media-Plattformen nämlich auch für den regelmäßigen und regulären Bürgerkontakt bei konkreten Anliegen genutzt werden. Im Interview gibt Edelhäußer persönlich Auskunft über die Vorbereitung und Durchführung der virtuellen Bürgerversammlungen.

Was waren die Gründe, eine Online-Sprechstunde einzuführen?
Edelhäußer: Die Online-Sprechstunde ist aus einer wenig besuchten „Offline"-Jungbürger-Versammlung im städtischen Jugendhaus entstanden, weil der Gedanke war, dass man junge Leute „online" so besser erreicht. Tatsächlich interessierten sich bei den „Online-Jungbürger-Versammlungen" aber auch viele ältere Mitbürger für diese Online-Sprechstunde, weil man hier einfach, ohne große Hemmschwellen, und bequem von Zuhause aus, seine Fragen stellen kann und aktuell über die Stadt-Themen informiert wird. Aus der weiterhin jährlich im Januar stattfindenden Jungbürger-Versammlung hat sich die „Online-Sprechstunde für alle" entwickelt. Seit dem Corona-Lockdown im Frühjahr 2020 machen wir die Sprechstunde nun regelmäßig so zirka alle zwei Monate, um die Bürger

über „Aktuelles" zu informieren, Entwicklungen zu erklären und um ihnen die Möglichkeit zu geben, auf einfachstem Weg Fragen stellen zu können.

Über welche Kanäle wird die Sprechstunde veröffentlicht?
Aktuell noch über meine persönliche Facebook-Präsenz und meinen Instagram-Account. Wir wollen aber Social Media in der Stadtverwaltung vorantreiben, dann wird die Sprechstunde auf den städtischen Social-Media-Präsenzen zu sehen sein und bald vielleicht auch auf YouTube.

Wie läuft eine typische Videosprechstunde ab?
Rund eine Stunde vor Beginn bauen wir die Technik und das Licht auf und machen einen kurzen Test. Dann sprechen wir uns kurz ab und wenn alles läuft, komme ich ins Bild und begrüße die Zuschauer. Ich beginne dann zunächst mit ein paar allgemeinen Informationen über aktuelle Entwicklungen, wie Baustellen, Projekte, oder Themen aus dem Stadtrat und den Ausschüssen und weise auf Veranstaltungen hin.

In der derzeitigen Corona-Situation versuche ich immer auch Verständnis zu zeigen und zu appellieren, dass die Menschen die von den Regierungen getroffenen Maßnahmen mittragen, dass sie den lokalen Händlern und der Gastronomie solidarisch sein mögen. Auch die tagesgültigen Zahlen der Corona-Pandemie gebe ich bekannt.

Sobald dann die ersten Fragen kommen, versuche ich diese so gut als möglich zu beantworten. Sollten mir einmal, wider Erwarten, Infos fehlen, werden diese schriftlich beim entsprechenden Post nachgeliefert. Wichtig ist auch, zwischendurch immer mal wieder die neu hinzugekommenen Zuschauer zu begrüßen und zum Fragen zu animieren. Wenn die Sprechstunde sich dem Ende zuneigt, weise ich darauf hin, bitte um die letzten Fragen, bringe noch ein paar Hinweise an und verabschiede dann offiziell die Zuschauer wieder.

Wie waren die ersten Erfahrungen damit?
Die Sprechstunde wird ganz gut angenommen. Live schauen so rund sechzig Leute gleichzeitig zu. Aber da wir das Video immer zum Nachschauen online lassen, sehen es deutlich mehr. Die zuletzt übertragene Online-Sprechstunde wurde nunmehr fast 3000 Mal auf Facebook und über 400 Mal bei Instagram angeklickt, wobei ich davon ausgehe, dass nicht alle 3000 Besucher die gesamte Sprechstunde „nachschauen", sondern vielleicht auch nur einige Minuten oder eine viertel Stunde online bleiben.

Die allermeisten Fragen kann ich aus dem Stand heraus beantworten, aber auch wenn man etwas noch genauer recherchieren muss, haben die Leute Verständnis.

Natürlich kommen auch mal „blöde" oder „fiese" Fragen, aber die kann ich immer ganz gut kontern und manchmal entlarven sich die Fragesteller dabei auch ein bisschen selbst.

Welches Publikum verfolgt die Online-Sprechstunden in der Regel?
Meiner Einschätzung nach sind das die 25- bis 60-Jährigen, auf Instagram ist das Publikum jünger als auf Facebook. Die Fragen bzw. die Interessenslagen der Jugendlichen, jungen Erwachsenen und Senioren bzgl. der Stadtentwicklung sind aber kurioserweise gar nicht mal so verschieden, sondern weisen ein hohes Maß an Überschneidungen auf.

Welche Vorteile haben Videosprechstunden im Vergleich zu Präsenzveranstaltungen?
Die Leute zu motivieren, zu einer Präsenzveranstaltung zu kommen, am Abend, in ihrer Freizeit – das ist oft schwer genug. Die Videosprechstunde können die Bürger zuhause am Küchentisch – z. B. beim Kochen – parallel laufen lassen oder auch unterwegs auf dem Smartphone verfolgen und trotzdem live ihre Fragen anbringen. Für mich ist das ein unfassbarer Gewinn an Reichweite. Ich erreiche so Menschen und Zielgruppen, die ich auf anderem Weg nicht erreichen würde – und aktuell in Corona-Zeiten kann ich die Leute so ganz direkt informieren, was anders aktuell schwierig bis unmöglich ist. Somit ist es gut, dass wir schon einige Erfahrungswerte sammeln konnten.

Unsere vom Gesetzgeber vorgeschriebene jährliche Bürgerversammlung haben wir als Hybrid-Veranstaltung mit einigen, wenigen Live-Gästen, aber mit vielen Online-Bürgern durchgeführt. Gerade auch diese, erstmals derart durchgeführte Bürgerversammlung wurde von den Bürgern „nachgeschaut".

Auf was sollten Kommunalpolitiker achten, wenn Sie eine Videosprechstunde anbieten möchten?
Zunächst sollte man sich überlegen, ob man der Typ dafür ist – man muss wirklich eine Stunde „durchquatschen", ohne dass man ein richtiges Gegenüber hat. Das ist am Anfang vielleicht etwas komisch und es strengt an, aber es lohnt sich. Wirklich. Ein Glas Wasser am Tisch tut zudem wahre Wunder. Dann sollte man auch darauf achten, dass man einen guten Stream anbietet, was Bild, Ton und Übertragungsqualität angeht – nervt das Video, sind die Leute schnell weg. Hier haben wir bei Übertragungen sowohl aus dem Jugendhaus als auch aus dem Rathaus Optimierungen vorgenommen. Auch die Uhrzeit und die Plattform sollte man gut wählen: Alles immer unter der Prämisse, wo und wie man die meisten Bürger erreicht. Auf die Sprechstunde selbst sollte man sich vorbereiten und ein

paar Themen parat haben, falls erst mal nichts „aus dem Netz" kommt oder wenn man vielleicht auch nicht so der ganz spontane Typ ist. Und: Nicht entmutigen lassen, wenn es am Anfang nicht sofort zu 100 % rund läuft. Ich würde es auf alle Fälle wieder machen.

6.4   Stefan Thar, Stadtratswahl 2020 in Sulzbach-Rosenberg

Das nächste Best-Practice-Beispiel ist in Sulzbach-Rosenberg, einer Kleinstadt mit knapp 20.000 Einwohnern in Nordbayern, angesiedelt. Der Social-Media-Auftritt von Stefan Thar, Mitglied einer Wählergruppierung, zeigt auf, dass Aktivitäten in sozialen Medien auch in kleineren Kommunen funktionieren. Thar kandidierte 2020 bei der Stadtratswahl und es gelang ihm, gemeinsam mit einer weiteren Kandidatin, in das 24-köpfige Gremium einzuziehen.

In diesem Best-Practice-Fall wird vor allem der Facebook-Auftritt des Politikers genauer analysiert. Konkret geht es um die offizielle Facebook-Seite, also nicht den persönlichen Account. Die Startseite ist aufgeräumt, wirkt also nicht zu überladen und enthält wesentliche Informationen wie die E-Mail-Adresse und die Information, dass es sich um die Seite eines Politikers handelt. Der Stadtrat hat sogar seine Mobilfunknummer angegeben, um Kontaktbereitschaft zu signalisieren. In der Rubrik „About" gibt er sein Motto an, dessen Kern im übrigen Wahlkampf sehr häufig wiederholt wurde: „Nicht mehr wegschauen, sondern Probleme in der Stadtpolitik benennen und angehen, dafür setze ich mich ein." (Thar 2020).

Im Stadtratswahlkampf 2020 nutzte die Gruppierung, insbesondere Spitzenkandidat Thar, die Plattform Facebook sehr intensiv. Die Seite von Stefan Thar wurde mit einem ansprechenden und professionellen Profilbild eröffnet. Auf dem Bild sieht man Thar sympathisch lächelnd vor dem ehemaligen Gasthaus „Zur Waage", das von seiner Baufirma saniert wurde. Hierdurch wird bereits eine visuelle Verbindung zwischen professioneller Tätigkeit und politischer Arbeit erzeugt. Dem User wird deutlich gemacht, dass der Kandidat seinen beruflichen Hintergrund und seine Expertise in die Stadtpolitik einbringen möchte. Die Wählergruppierung um Thar besetzte während der Stadtratskampagne konkrete Themen wie den Wunsch nach einer transparenteren Stadtverwaltung, die Nachfolgenutzung einer sanierten und begrünten Deponie und die Beseitigung von Immobilien-Leerständen in der Innenstadt. Diese und andere Themen wurden laufend durch Posts besetzt und mit Aktionen flankiert. Die Aktion für ein transparentes Rathaus wurde mit einer Unterschriftenaktion begleitet, wobei sehr viele

Bürger unterzeichneten. Ein großes Echo erzeugte dabei ein mobiles Fragezeichensymbol auf einem großformatigen Banner, das von der Wählergruppierung an Problempunkten im Stadtgebiet angebracht wurde. So wurde das Transparent in der Nähe des Bahnhofs der Stadt angebracht, um auf den Parkplatzmangel aufmerksam zu machen. Stets wurde die Fragezeichenaktion mit Facebook-Posts begleitet, die wiederum zu Diskussionen anregten. Bei allen veröffentlichten Themen und Vorschlägen handelte es sich um Problemstellungen die Bürger der Stadt betrafen und diese bereits vorher bewegten. Dies zeigte sich auch an der Stadtlaufaktion: Der örtliche Stadtlauf, traditionell während eines jährlichen Fests ausgetragen, konnte nicht mehr durch die vorherigen Veranstalter organisiert werden. Die Wählergruppierung startete die Aktion, die Sportveranstaltung in Eigenregie zu organisieren und erntete dafür großes Lob auf Facebook. Eigens dafür wurde eine Facebook-Veranstaltung angelegt, um auf den zukünftigen Termin hinzuweisen.

Hervorzuheben sind zudem die Aktivitäten während der Covid-19-Ausgangsbeschränkungen im Freistaat Bayern, die im März 2020 begannen. Thars Wählergruppierung richtete gleich zu Beginn der Sperren einen Einkaufsservice für Angehörige der Risikogruppen, also Ältere und chronisch Kranke, ein. Mit einem Post am 13. März 2020 rief Stefan Thar mit Angabe der Mobilfunknummer und E-Mail-Adresse dazu auf, sich an die Wählergruppierung zu wenden, falls Besorgungen zu erledigen sind und kein Angehöriger oder Freund vorhanden ist. Die Aktion wurde nach und nach professioneller kommuniziert und als „Nachbarschaftshilfe Sulzbach-Rosenberg" benannt. Neben dem Einkaufsservice wurden weitere Aktionen durchgeführt, die das Gemeinschaftsgefühl in der Stadt stärken sollten: Eine Geschenke-Aktion, bei der Erwachsene und Kinder kleine Präsente und selbergemalte Bilder verschicken konnten, Aufrufe zum Gutscheinkauf bei der lokalen Gastronomie, aus Spendengeldern finanzierte Blumengrüße für die örtlichen Seniorenheime und Sachspenden an das Kinderheim. Später kam noch ein wöchentlicher Essensliefer-Service hinzu, bei dem örtliche Gastronomen Gerichte anboten, die von den Mitgliedern der Wählergruppierung coronakonform ausgefahren wurden. Kommuniziert wurde mit kurzen Facebook-Posts und Videos, in denen der Stadtrat und die Fraktionskollegin zu den Mitbürgern sprachen. Parallel dazu richtete Thar zwei Facebook-Gruppen ein, die sich an die Bürger und die Selbstständigen wandten und zur Vernetzung bzw. zur Information über Corona-Hilfen dienten. Die allgemeine Gruppe für Bürger der Stadt wurde „SuRo-miteinander" genannt. In ihr wurden die Hilfsaktionen koordiniert und über coronabezogene Themen gesprochen. Die Gruppe zog viele User an, wird auch heute noch aktiv mit Inhalten bespielt und es finden immer noch

Gespräche unter den Bürgern statt. Das Krisenmanagement und die Krisenkommunikation über Facebook erfreuten sich großer Beliebtheit: Bürger nahmen die Angebote an, halfen selber mit oder teilten Beiträge, um die Reichweite zu erhöhen. Das Beispiel zeigt, dass Social Media insbesondere in unsicheren Zeiten gut geeignet ist, User zu verbinden, relevante Informationen auszutauschen und konkrete Aktionen zu planen und zu koordinieren. Es ist außerdem ein passendes Beispiel dafür, dass Social-Media-Kommunikation nicht nach Kommunalwahlkämpfen beendet werden darf, sondern ein langandauernder Dialog mit Usern gesucht werden sollte.

6.5 Tipps und Hinweise von Kommunikationsexperten

6.5.1 Interview mit Volker Konrad, Kampagnenberater

Volker Konrad ist Inhaber der Agentur „Kampaneo". Er unterstützt vor allem Kunden aus den Bereichen Mittelstand, Zivilgesellschaft und Politik. Seine Schwerpunkte sind Campaigning, Strategie & Beratung sowie Design & Kommunikation. Er hat über 40 Wahlkampagnen auf allen Ebenen – vom Gemeinderat über (Ober-)Bürgermeister-, Landtags- und Bundestags- bis zu Europawahl – betreut (https://www.kampaneo.de).

Welche Bedeutung haben Social Media in der Kommunalpolitik?
Es ist inzwischen der wichtigste Medienkanal für Kommunalpolitiker. Social Media macht den direkten Kontakt und das direkte Kommunizieren von Inhalten – wertneutral: gleich welcher Art – möglich. Ohne Journalisten, die als Gatekeeper, als Flaschenhals für Themen und Inhalte fungieren. Menschliche und auch explizit politische Kommunikation in der Kommunalpolitik geht zudem weit über die Inhalte hinaus, die für eine Zeitung oder ein lokales Onlinemagazin Relevanz besitzen. Social Media kann – neben dem persönlichen Kontakt – die ganze nötige Bandbreite abbilden und ist das Element (kommunal-)politischer Kommunikation, ohne den es in Zukunft definitiv nicht mehr gehen wird.

Wie gehen Sie Social-Media-Accounts von Kommunalpolitikern praktisch an?
Es gibt keine Schema-F-Accounts, die für den jeden Politiker überstülp- und anwendbar sind. Jeder Auftritt sollte individuell angelegt werden. Dabei spielen die Persönlichkeit, die Kommune, die Inhalte und die Ziele des jeweiligen Kommunalpolitikers eine wichtige Rolle. Am Anfang steht immer eine ehrliche Bestandsaufnahme. Nur so kann eine Strategie entwickelt werden. Dabei

spielt eine Analyse der Stärken und Schwächen eine große Rolle. Dazu darf man sich gerade bei einem Neubeginn der eigenen politischen Kommunikation in den Sozialen Medien durchaus auch Best-Practice-Beispiele von anderen anschauen. Allerdings sollte jeder eine eigene Identität mit einem eigenen Social-Media-Stempel und eigenen Formaten entwickeln.

Welche Gefahren sollten Kommunalpolitiker in der Social-Media-Arbeit bedenken?
Zum einen sehe ich bei vielen, dass bislang scheinbar erprobte Mechanismen der politischen Kommunikation einfach 1:1 auf Social Media übertragen werden. Lange Pressemitteilungen und Gruppenbilder, die Menschen vor Wänden mit von oben herabhängenden Wirtshauslampen im Bild zeigen sind den „neuen" Medien nicht angemessen und erwecken leider den Eindruck, die Partei XY sei von gestern. Zum anderen erfordert Social Media mehr Vorsicht bei Themen und bei Formulierungen. Social Media ist keine Plakatwand, sondern im Kern „Dialog". Viele Politiker sind ganz erstaunt, dass es diesen Dialog gibt, dass es Widerspruch und heftige Diskussionen gibt. So soll es auch sein. Also: Überlegen wir uns gut, was wir posten! Die meisten Social-Media-Krisen müssten nicht zustande kommen, wenn man sich vorher Gedanken gemacht hätte.

Was war Ihre erfolgreichste Aktion bzw. Kampagne in den sozialen Medien?
Die Wahl eines Landrats – in einem Landkreis, in der die Partei noch nie diesen Posten innehatte. Das war über 70 Jahre der Erbhof einer einzigen Partei. In der Kampagne war der Mix aus Mitmachformaten, professionellen Videos und klassischen Social-Media-Posts das Entscheidende. Dazu haben wir die Wahl vom Ende her (also von der Stichwahl) gedacht und aufgebaut.

Wo können Kommunalpolitiker Informationen suchen, wenn sie Hilfe bei der Konzeption oder Betreuung ihrer Online-Auftritte benötigen?
Grundsätzlich gibt es bei politischen Stiftungen – gleich welcher Couleur – immer wieder sehr gute Seminare, die als erste Orientierung dienen können. Dazu gibt es auch eine Reihe guter Bücher, die einem helfen, vor allem in Punkto Analyse oder Basics einer Social-Media-Strategie. Dieses Grundwissen ist auch nötig, wenn man sich Hilfe bei einer Agentur holt. Gerade in Wahlkämpfen würde ich eine Zusammenarbeit empfehlen. Wer sich auf dem Social-Media-Tableau präsentiert, sollte das professionell machen. Wahlkämpfe sind vor allem auch erste Arbeitsproben für einen Bewerber. Was kann ich von einem Bewerber später erwarten, der im Wahlkampf unprofessionell agiert?

Wohin geht es in nächster Zeit in der Social-Media-Arbeit von Kommunalpolitikern – was ist Ihre Einschätzung?
Es wird niederschwelliger werden. Das heißt, auch Kommunalpolitiker müssen öfters kommunizieren – und dabei nicht immer nur politische Themen. Der Mix wird entscheidender werden, Teil des öffentlichen Lebens in einer Kommune zu sein oder zu werden und zugleich politische Botschaften zu setzen. Dazu wird Social Media immer professioneller, gerade bei visuellen Aspekten. Es gibt aber heute schon eine Reihe von Apps die, auch ohne große Designkenntnisse, Social Media nicht nach Word 95 aussehen lassen!

Drei Tipps von Ihnen für Kommunalpolitiker, die mit Social Media beginnen wollen?

1. Gedanken machen: Wer bin ich und was will ich? Dazu ist es wichtig, zuhören zu können: Was wollen die Menschen in meiner Kommune? Was wird diskutiert – auch und vor allem in den Sozialen Medien.
2. Social Media sind Teil des alltäglichen Lebens. Das heißt: Werde Teil des öffentlichen und auch alltäglichen Lebens in der Kommune. Social Media ist eine Brücke zwischen der (Partei-)Politik und den Menschen. Mutig über diese Brücke gehen! Immer wieder.
3. Ruhig bei anderen etwas Abschauen. Daraus eigene Formate und einen eigenen Stil entwickeln. Keine Angst vor Fehlern – solange man diese nur einmal macht! Trial & Error wins.

6.5.2 Interview mit Ronald Kaiser, Social-Media-Experte

Ronald Kaiser, geboren 1980, hat sein Studium des Bibliotheks- und Informationsmanagements an der Hochschule der Medien Stuttgart mit dem M.A. abgeschlossen. Er war an der Entwicklung des ersten deutschen politischen Podcasts maßgeblich beteiligt und Koordinator verschiedener Social-Media-Kampagnen für Wirtschaft, Politik und Gesellschaft. Aktuell ist er im Bereich der Digitalisierungsberatung mit eigenen Unternehmen tätig.

Wie sollten Kommunalpolitiker in Social Media einsteigen, welche Tipps haben Sie?
Kaiser: Die Mischung der Inhalte macht einen guten Social-Media Auftritt aus. Neben politischen Inhalten und Angeboten der Teilhabe, sollten auch Service-Inhalte für die Bürger und ausgewählte Einblicke ins persönliche Leben des Kommunalpolitikers den Auftritt abrunden. Eine Abwechslung unterschiedlicher Medieninhalte, wie Text mit vertiefenden Links (z. B. zu Zeitungsberichten),

Bild/Text Tafeln und Videoinhalte machen einen Auftritt attraktiv. Social-Media Beiträge sollten in der Regel vom Mandatsträger selbst erstellt werden. Falls dies anderweitig organisiert wird, achten Sie auf flache Freigabehierarchien bei denen sowohl sachliche Richtigkeit, als auch die notwendige Flexibilität gewährleistet ist.

Wie viel Zeit sollten Kommunalpolitiker für ihre Social-Media-Arbeit einplanen bzw. wie kann man zeitsparend gute Social-Media-Kommunikation betreiben?
Kommunizieren Sie immer wenn es wichtiges zu berichten gibt, aber auch schon im Vorfeld um erklärend schwierige Themenfelder anzugehen. Häufig sind der Hintergrund und der Kontext, in dem Entscheidungen stehen, für die Bürger wichtig, um Entscheidungen nachvollziehen zu können. Starten Sie mit einer Veröffentlichung in der Woche und nutzen Sie auch Inhalte höherer politischer Ebenen. Tasten Sie sich an ein Niveau heran mit dem Sie sich wohl fühlen und das Ihre Nutzer nicht überfordert. Ich empfehle Inhalte nicht 1:1 auf mehreren Kanälen auszuspielen, sondern immer abgestimmt auf die Eigenheiten der jeweiligen Plattform abzustimmen.

Was sind typische Fehler im Social-Media-Engagement von Kommunalpolitikern?
Zentral ist nicht nur die regelmäßige Befüllung der Social-Media-Kanäle, sondern insbesondere die Kommunikation mit den Bürgern. Hierbei sollte nicht nur auf Nachrichten, sondern auch zeitnah auf Kommentare unter den eigenen Postings geantwortet werden, ohne sich dabei in Dauerdiskussionen zu verstricken. Hierbei hilft es bei aufgebrachten Bürgern sachliche Fragen zu stellen, um auf ein gemeinsames Gesprächsniveau zu finden. Zudem müssen auch die anderen Seiten oder Gruppen im Blick behalten werden, auf denen die eigenen Inhalte geteilt wurden.

Welche Tools, z. B. Software oder Online-Angebote, können Sie Kommunalpolitikern zur Unterstützung der Social-Media-Kommunikation empfehlen?
Zur Erstellung von Bildtafeln bietet sich die nach Registrierung kostenfreie Software von canva.com an. Häufig werden zur Illustration lizenzfreie Bilder unter der sogn. „CC0" Lizenz benötigt. Suchmaschinen wie https://www.pexels.com bieten sich dafür an. Einfache Umfragen lassen sich mittels eines Google-Formulars gestalten (https://www.google.de/intl/de/forms/about/).
Die Nutzung professioneller Tools wie Hootsuite.com oder Buffer.com zur Planung von Beiträgen bieten sich aufgrund der entstehenden Kosten hauptsächlich für hauptamtliche Mandatsträger mit bestehendem Budget und mehreren Social-Media-Kanälen an.

Welche Beispiele für sehr gelungene kommunalpolitische Social-Media-Auftritte kennen Sie und warum sind diese sehr gut?
Für die zeitnahe und direkte Bürgerkommunikation ist Landrat Christian Meißner ein gutes Beispiel. In der Regel werden alle Fragen in Kommentaren und Nachrichten innerhalb von 24 h, zumeist sogar innerhalb weniger Stunden beantwortet und Hintergründe für Entscheidungen erläutert (https://www.facebook.com/Christ ianMeissnerLif).

Die neu gewählte Bürgermeisterin Kathrin Alte startete für Anzing (4450 Einwohner) einen Facebook-Auftritt der Gemeinde sowie einen Instagram-Account. Hier informiert die Kommune transparent über Vorhaben und beteiligt die Bürger bei Fragen der kommunalen Gestaltung. Auf YouTube werden Veranstaltungen, aufgrund der Einschränkungen durch die Corona-Pandemie, digital via Stream auf dem Kanal der Gemeinde angeboten. Bei einer „Bürgerwerkstatt" diskutierten so mehr als 75 Bürgerinnen und Bürger über die städtebaulichen Verbesserungen in der Ortsmitte. So erzielt eine Gemeinde dieser Größenordnung hierdurch eine überproportional hohe Resonanz bei den Bürgern (https://www.facebook.com/anz ing.bayern und https://www.instagram.com/gemeinde_anzing/).

Fazit 7

Das vorliegende Buch verfolgte mehrere Ziele: Zunächst wurden die Grundlagen von Social-Media-Kommunikation und ihre technischen Besonderheiten dargestellt. Das darauffolgende Kapitel stellte die wichtigsten Social-Media-Plattformen für kommunalpolitische Kommunikation im deutschsprachigen Raum und professionelle Verhaltenshinweise für Kommunalpolitiker im Web vor. Insbesondere Facebook und Instagram sind wegen ihrer hohen Nutzerzahlen für die kommunalpolitische Kommunikation von herausragender Bedeutung. Bei der Nutzung der Angebote sind insbesondere der dialogische Charakter von sozialen Medien und eine möglichst große Authentizität zu beachten. Kommunalpolitiker und Parteien sollten zudem langfristige Social-Media-Aktivitäten einplanen und nicht erst vor Wahlgängen im Social Web aktiv werden. Es wurden zudem wichtige Funktionen von sozialen Medien für Kommunalpolitiker aufgezeigt: Sie können zur Informationssammlung, zur Mobilisierung und Koordination, für den Bürgerdialog, zur Ausspielung von Zielgruppenwerbung und für Content-Marketing-Kampagnen genutzt werden. Für die Umsetzung dieser Ziele der kommunalen Social-Media-Kommunikation wurden anschließend effektive Applikationen vorgestellt. Die Best-Practice-Beispiele und Experteninterviews zeigten danach auf, wie gute Social-Media-Arbeit von Kommunalpolitikern aussehen kann.

Die Inhalte des Buches sind als erste Grundlagen für Kommunalpolitiker zu verstehen. Mithilfe der vorgestellten Konzepte, Beispiele und Tools können Politiker erste Schritte im Social Web einleiten. Die wichtigsten Eigenschaften, die Kommunalpolitiker bei der Nutzung von Social Media besitzen sollten sind jedoch: Offenheit für technologische (Weiter-)Entwicklungen, Mut zum Ausprobieren sowie Orientierung an Bürgerinteressen und Kritik- sowie Dialogfähigkeit.

A. Haller, *Social Media für Kommunalpolitiker,* essentials,
https://doi.org/10.1007/978-3-658-33630-1_7

Was Sie aus diesem *essential* mitnehmen können

- Social Media sind aus dem modernen Mediensystem und der Kommunalpolitik nicht mehr wegzudenken
- Facebook und Instagram bilden die wichtigsten Säulen der Social-Media-Strategien von Kommunalpolitikern, wobei neue Plattformen beobachtet und gegebenenfalls ausprobiert werden sollten
- Soziale Medien können zur Information, zur Mobilisierung und Organisation, für den Dialog mit Bürgern, für Werbung und für Content Marketing eingesetzt werden
- Im Web existiert eine Vielzahl an – oftmals kostenfreien – Instrumenten, die die Umsetzung von Social-Media-Kampagnen erleichtern und professionell erscheinen lassen
- Authentizität und Offenheit sind Schlüsseleigenschaften, die ein Kommunalpolitiker im Social Web berücksichtigen sollte

© Der/die Herausgeber bzw. der/die Autor(en), exklusiv lizenziert durch Springer Fachmedien Wiesbaden GmbH, ein Teil von Springer Nature 2021
A. Haller, *Social Media für Kommunalpolitiker,* essentials,
https://doi.org/10.1007/978-3-658-33630-1

Literatur

ARD/ZDF-Onlinestudie. 2020a. Onlinestudie 2020. https://www.ard-zdf-onlinestudie.de/files/2020/ARD-ZDF-Onlinestudie_2020_Infografik.jpg. Zugegriffen: 27. Januar 2021.

ARD/ZDF-Onlinestudie. 2020b. Internetnutzer* in Deutschland 2016 bis 2020 – Soziodemografie. https://www.ard-zdf-onlinestudie.de/onlinenutzung/internetnutzer/in-prozent/. Zugegriffen: 22. Januar 2021.

ARD/ZDF-Onlinestudie. 2020c. Nutzung von Social Media/WhatsApp 2020. https://www.ard-zdf-onlinestudie.de/social-mediawhatsapp/. Zugegriffen: 22. Januar 2021.

Audacity. 2020. Professionelles Aufnehmen und Editieren. https://www.audacity.de/. Zugegriffen: 27. Januar 2021.

Auler, F., und D. Huberty. 2019. *Content Distribution. So verbreiten Sie Ihren Content effektiv in Ihren Zielgruppen.* Wiesbaden, Germany: Springer Gabler.

Blystone, D. 2020. The Story of Instagram: The Rise of the #1 Photo-Sharing Application. https://www.investopedia.com/articles/investing/102615/story-instagram-rise-1-photo0sharing-app.asp. Zugegriffen: 22. Januar 2021.

Boyd, D.M., und N.B. Ellison. 2007. Social Network Sites: Definition, History, and Scholarship. *Journal of Computer-Mediated Communication* 13 (1): 210–230. doi: https://doi.org/10.1111/j.1083-6101.2007.00393.x.

Brandl, R. 2020. WordPress.com oder WordPress.org – Was ist am besten für Ihre Website? https://www.websitetooltester.com/blog/wordpress-com-vs-org/. Zugegriffen: 27. Januar 2021.

Britannica. 2020. Twitter. Microblogging Service. https://www.britannica.com/topic/Twitter. Zugegriffen: 22. Januar 2021.

BVDW. 2014. Targeting – Begriffe und Definitionen. https://www.bvdw.org/fileadmin/bvdw/upload/publikationen/content_marketing/leitfaden_targeting_defintionen_2014.pdf. Zugegriffen: 26. Januar 2021.

Canva. 2021. Alles gestalten. https://www.canva.com/de_de/. Zugegriffen: 27. Januar 2021.

Cengiz, S. 2019. Was Slack alles kann. https://neustarter.com/magazine/was-slack-alles-kann. Zugegriffen: 27. Januar 2021.

Chadwick, A. 2013. *The Hybrid Media System. Politics and Power.* Oxford: Oxford University Press.

Constine, J. 2018. How Instagram's Algorithm works. https://techcrunch.com/2018/06/01/how-instagram-feed-works/?guccounter=1&guce_referrer=aHR0cHM6Ly93d3cuZ2

9vZ2xlLmNvbS8&guce_referrer_sig=AQAAAA6MBLptSsSvE1yTXeCKkHqvDcAo5 oZbShIOQWiid51QV9awatzJ2PcPRfXdihvYy2K_x7NHpOpXZK5_1ZUKqBBcD7nt YdmZJ85XUYefPj6hqo0O3ngMzrRXIW8ydmxWMwiOv0W8BPN0CD3UkvGDYfdn hdAoYCucOYGUHaYC-6Zu. Zugegriffen: 22. Januar 2021.

Creative Commons. 2020. When we share, everyone wins – Creative Commons. https://creativecommons.org/. Zugegriffen: 27. Januar 2021.

Decker, A. 2019. *Der Social-Media-Zyklus*. Wiesbaden: Springer Fachmedien Wiesbaden.

Dolata, U. 2018. Internetkonzerne: Konzentration, Konkurrenz und Macht. In *Kollektivität und Macht im Internet*, Hrsg. Ulrich Dolata und Jan-Felix Schrape, 101–130. Wiesbaden: Springer Fachmedien Wiesbaden.

Elbdudler. 2018. Jugendstudie 2018. https://jugendstudie.elbdudler.de/. Zugegriffen: 27. Januar 2021.

Erhardt, C. 2020. Datenschützer geben grünes Licht. Kommunen dürfen weiter WhatsApp nutzen. https://kommunal.de/whatsapp-alternativen. Zugegriffen: 26. Januar 2021.

Erichsen, C. 2018. Einer geht noch: Zuckerberg kündigt weiteres Newsfeed-Update ein. https://t3n.de/news/mark-zuckerberg-newsfeed-update-918102/. Zugegriffen: 22. Januar 2021.

Erichsen, C. 2020. Social-Media-Redaktionsplan 2021: Das solltet ihr nächstes Jahr auf dem Schirm haben. https://t3n.de/news/social-media-redaktionsplan-2021-1332451/. Zugegriffen: 26. Januar 2021.

Facebook. 2018. Bringing People Closer Together. https://about.fb.com/news/2018/01/newsfeed-fyi-bringing-people-closer-together/. Zugegriffen: 22. Januar 2021.

Facebook. 2020a. Company Info. https://about.fb.com/company-info/. Zugegriffen: 22. Januar 2021.

Facebook. 2020b. So funktioniert der News Feed. https://www.facebook.com/help/115551 0281178725. Zugegriffen: 21. Januar 2021.

Facebook. 2020c. Annual Report Pursuant to Section 13 or 15(d) of the Securities Exchange Act of 1934. https://d18rn0p25nwr6d.cloudfront.net/CIK-0001326801/45290cc0-656d-4a88-a2f3-147c8de86506.pdf. Zugegriffen: 22. Januar 2021.

Facebook. 2021a. Facebook-Werbeanzeigen. Sprich künftige Kunden und Fans an. https://www.facebook.com/business/ads. Zugegriffen: 27. Januar 2021.

Facebook. 2021b. Das Audience Network. https://www.facebook.com/business/help/788333 711222886?id=571563249872422. Zugegriffen: 27. Januar 2021.

Faktenkontor, und IMWF. 2018. Anteil der befragten Internetnutzer, die Instagram nutzen, nach Altersgruppen in Deutschland im Jahr 2017. https://de.statista.com/statistik/daten/studie/691584/umfrage/anteil-der-nutzer-von-instagram-nach-alter-in-deutschland/. Zugegriffen: 22. Januar 2021.

Google. 2021. Google My Maps. https://www.google.com/maps. Zugegriffen: 27. Januar 2021.

Haller, A. 2019. Die Online-Kampagnen im Bundestagswahlkampf 2017. In *Die (Massen-)Medien im Wahlkampf*, Hrsg. Christina Holtz-Bacha, 49–72. Wiesbaden: Springer Fachmedien Wiesbaden.

Instagram. 2021. Wachstum für dein Unternehmen mit Instagram. https://business.instagram.com/advertising?locale=de_DE. Zugegriffen: 27. Januar 2021.

Kommunal.de. 2019. Auf Whatsapp mit dem Bürgermeister chatten. https://kommunal.de/auf-whatsapp-mit-dem-buergermeister-chatten. Zugegriffen: 26. Januar 2021.

Kreutzer, R.T. 2018. *Social-Media-Marketing kompakt. Ausgestalten, Plattformen finden, messen, organisatorisch verankern.* Wiesbaden: Springer Gabler.

Kreutzer, R.T. 2019. *Online-Marketing.* Wiesbaden: Springer Gabler.

Kreutzer, R.T., und J. Blind. 2012. *Praxisorientiertes Online-Marketing. Konzepte – Instrumente – Checklisten.* Wiesbaden: Gabler Verlag / Springer Fachmedien Wiesbaden GmbH Wiesbaden.

Kroker, M. 2013. Die Geschichte von Twitter: Vom ersten Tweet 2006 bis zum Börsengang 7 Jahre später. https://blog.wiwo.de/look-at-it/2013/10/15/die-geschichte-von-twitter-vom-ersten-tweet-2006-bis-zum-borsengang-7-jahre-spater/. Zugegriffen: 22. Januar 2021.

Kruschinski, S., und A. Haller. 2017. Restrictions on data-driven political micro-targeting in Germany. *Internet Policy Review* 6 (4): 1–23. doi: https://doi.org/10.14763/2017.4.780.

Kruschinski, S., und A. Haller. 2018. Back to the roots?! Der datengestützte Tür-zu-Tür-Wahlkampf in politischen Wahlkampagne. In *Strategische Politische Kommunikation im digitalen Wandel*, Hrsg. Michael Oswald und Michael Johann, 289–317. Wiesbaden: Springer Fachmedien Wiesbaden.

Kuhn, S. 2020. Stefan Kuhn – CSU. https://www.facebook.com/StefanKuhnCSU. Zugegriffen: 28. Januar 2021.

Lahovnik, N. 2020a. Twitter-Account. https://twitter.com/lahovnikde. Zugegriffen: 27. Januar 2021.

Lahovnik, N. 2020b. Nicolas Lahovnik – Unser Bürgermeister für Wunsiedel. https://www.facebook.com/Nicolas.Lahovnik.WUN. Zugegriffen: 27. Januar 2021.

Lahovnik, N. 2020c. Nicolas Lahovik YouTube. https://www.youtube.com/channel/UCHH0Gp5A4FxPhowaokGxncA. Zugegriffen: 27. Januar 2021.

Marketingblog-Mittelstand. 2020. Alles neu macht der Mai: Social Media Redaktionsplan Vorlage für 2020/2021. https://www.marketingblog-mittelstand.de/2020/05/06/social-media-redaktionsplan-2021/. Zugegriffen: 27. Januar 2021.

Mattschek, M. 2020. Social-Media-Redaktionsplan: 7 Muster als Vorlage. https://www.onlinemarketing-praxis.de/social-media/social-media-redaktionsplan-muster-als-vorlage. Zugegriffen: 27. Januar 2021.

Nordbayern.de. 2020. Ralph Edelhäußer: Der „Social-Media-Bürgermeister" gibt Tipps. https://www.nordbayern.de/region/roth/ralph-edelhausser-der-social-media-burgermeister-gibt-tipps-1.10490517. Zugegriffen: 27. Januar 2021.

Padlet. 2021. Besser zusammenarbeiten. Sei produktiv. https://de.padlet.com/. Zugegriffen: 27. Januar 2021.

Pahwa, A. 2020. The History of WhatsApp. https://www.feedough.com/history-of-whatsapp/. Zugegriffen: 22. Januar 2021.

Pexels. 2021. Die schönsten kostenlosen Stock Fotos und Videos von talentierten Kreativen. https://www.pexels.com/de-de/. Zugegriffen: 27. Januar 2021.

Pixabay. 2021. Beeindruckende kostenlose & lizenzfreie Bilder. Mehr als 1.9 Millionen hochwertige Stock-Bilder und -Videos; geteilt von unserer talentierten Community. https://pixabay.com/de/. Zugegriffen: 27. Januar 2021.

Slack. 2021. Slack App Directory. https://slack.com/apps. Zugegriffen: 27. Januar 2021.

Specht, T. 2021. Wordpress. https://www.timospecht.de/was-ist/wordpress/. Zugegriffen: 27. Januar 2021.

Statista. Social Networks: Twitter Brand Report in Germany 2020. https://de.statista.com/
    statistik/studie/id/80443/dokument/soziale-netzwerke-twitter-brand-report-deutschland/.
    Zugegriffen: 22. Januar 2021.
Statista Digital Market Outlook. 2021. Anteil der Facebook-Nutzer in Deutschland in den
    Jahren 2017 und 2018 sowie eine Prognose bis 2023. https://de.statista.com/statistik/
    daten/studie/554140/umfrage/anteil-der-monatlich-aktiven-facebook-nutzer-in-deutsc
    hland/. Zugegriffen: 22. Januar 2021.
Thar, S. 2020. Stefan Thar. https://www.facebook.com/StefanThar. Zugegriffen: 27. Januar
    2021.
W3Techs. 2020. Ranking der 10 Content-Management-Systeme (CMS) weltweit nach Markt-
    anteil im Dezember 2020. https://de.statista.com/statistik/daten/studie/320670/umfrage/
    marktanteile-der-content-management-systeme-cms-weltweit/. Zugegriffen: 27. Januar
    2021.
WhatsApp. 2020a. Über WhatsApp. https://www.whatsapp.com/about/. Zugegriffen: 22.
    Januar 2021.
WhatsApp. 2020b. Features. https://www.whatsapp.com/features. Zugegriffen: 26. Januar
    2021.

Printed in the United States
by Baker & Taylor Publisher Services